Dedicado a:

_____

Por:

_____

Fecha:

_____

La
GENERACIÓN
del VINO
NUEVO

La GENERACIÓN del VINO NUEVO

Apóstol G. Maldonado

Nuestra Visión

*Alimentar espiritualmente al pueblo de Dios
por medio de enseñanzas, libros y prédicas; y expandir
la palabra de Dios a todos los confines de la tierra.*

*"Yo te he llamado a traer
mi poder sobrenatural a esta generación"*

La Generación del Vino Nuevo

Publicado en la Librería del Congreso
Certificado de Registración: TX 5-812-886

ISBN-10: 1-59272-016-1
ISBN-13: 978-1-59272-016-3

Cuarta edición 2008

Portada diseñada por:
ERJ Publicaciones

Publicado por:
ERJ Publicaciones
13651 SW 143 Ct., Suite 101, Miami, FL 33186
Tel: (305) 233-3325 – Fax: (305) 675-5770

Categoría:
Reforma Apostólica - "El Vino Nuevo"

Impreso por:
ERJ Publicaciones, EUA

Dedicatoria

D edico este libro al único que merece toda la gloria, la honra y la adoración, al Rey de reyes y Señor de señores. A Jesús, quien me dio vida cuando estaba muerto, y quien es la razón principal de mi existencia.

También, a todos aquellos que están a la espera de que el Vino Nuevo llegue al pueblo de Dios junto con todas sus manifestaciones de gloria.

Agradecimientos

Quiero agradecer a Dios, de quien soy y a quien sirvo, por darme fuerzas y ayudarme en todos mis caminos; a mi esposa y a mis hijos que son mi apoyo incondicional y comparten conmigo este ministerio.

También, quiero expresar mi agradecimiento a cada una de las personas, que de una u otra forma, han hecho posible la elaboración de este libro; desde los que oran, hasta los que han participado en los detalles más pequeños. A todos ellos, ¡muchas gracias y que Dios les bendiga!

Índice

Prólogo

ay un sinnúmero de creyentes, en constante aumento, que tienen una perspectiva diferente de la vida cristiana. Toman la palabra de Dios tal como es y viven de manera correcta, arrebatando el reino de Dios por la fuerza, sin pensarlo dos veces. Su pasión es ganar almas, interceder, hacer guerra espiritual, orar y ayunar. Ésta es una nueva raza de creyentes, en busca de cumplir su propósito y de obtener resultados. Estos individuos no se detendrán hasta experimentar el poder de Dios; porque viven por su gloria y se sostienen por su presencia. Esta nueva generación es diferente a otras; es, tal como el Dr. Guillermo Maldonado se refiere a ellos: La generación del "vino nuevo".

Esta generación es radical y abierta al cambio, y está dispuesta a hacer todo lo necesario para que los "asuntos del Reino" se lleven a cabo. Estas personas son odres nuevos en espera del "vino nuevo"; no están atrapadas en las metodologías antiguas o las tradiciones de los hombres. Esta generación del "vino nuevo" puede ser comparada a una aplanadora a vapor, que va aplastando a su paso, todo lo que no trae vitalidad o productividad. Su palabra clave es ¡¡¡resultados!!! La clase de celo y entusiasmo que posee esta generación, desatada y canalizada apropiadamente, revolucionará al mundo. El entrenamiento, basado en principios bíblicos, es la llave para poder canalizar su energía y que obtengan grandes resultados.

No hay mejor fuente de entrenamiento, para estos ávidos individuos, que el libro del doctor Maldonado: *La Generación del Vino Nuevo*. Sus enseñanzas hablan, fervientemente, al corazón de aquellos que quieren más que "status quo", que desean una vida cristiana apasionante y fructífera. Él exhorta al lector a vivir la vida de un santo del Nuevo Testamento, contando con que lo sobrenatural se convierta en algo común. Leer este libro, le incitará a unirse a creyentes que desean hacer una drástica diferencia en el Reino. ¡Aquellos que tienen oídos para oír, oigan las enseñanzas poderosas compartidas en *La Generación del Vino Nuevo*!

Dr. Kingsley Fletcher
Escritor, Predicador Internacional, Pastor
Research Triangle Park, North Carolina

Introducción

La generación del "Vino Nuevo" es la que poseerá las puertas de sus enemigos en el último tiempo. Es la generación que surgirá como un movimiento sin precedentes, con la capacidad de romper y ejercer dominio sobre toda obra de maldad. La generación del "Vino Nuevo", emergerá también, como respuesta a la ola de inmundicia y de pecado que está minando a toda la humanidad y a la misma Iglesia de Cristo.

Dios está preparando a esta gente, para que bajo la unción y el poder del Espíritu Santo, conquiste y arrebate lo que el enemigo le ha robado. Usted puede y debe ser parte de esta reforma espiritual.

En este libro, usted encontrará pautas que le ayudarán a salir de la mediocridad y del conformismo, para que pueda enrolarse en esta misión especial, que lo llevará a caminar por lugares nunca antes transitados en el ámbito espiritual.

Es mi oración que este libro, sea el instrumento que Dios utilice para deshacer toda venda espiritual; y que a su vez, le sirva como herramienta a la Iglesia del Señor, para que pueda tomar posesión de la tierra, que ya Jesús conquistó para nosotros en la cruz del Calvario.

CAPÍTULO I

Es tiempo de cambiar

La iglesia de Cristo ha estado por muchos años expuesta a patrones, formas de pensar y modelos de operación, que ya han pasado de moda, y que por tal razón, la han marginado a una posición que no le corresponde. Jesucristo trajo el Reino de Dios, y con Él, cambios profundos de cómo Dios desea operar en su Iglesia. El Señor Jesucristo está trayendo restauración y reforma de todas las cosas; Él quiere hacer cosas nuevas.

"⁹He aquí se cumplieron las cosas primeras y yo anuncio cosas nuevas; antes que salgan a luz, yo os las haré notorias".
Isaías 42.9

"²²Y nadie echa vino nuevo en odres viejos; de otra manera, el vino nuevo rompe los odres, y el vino se derrama, y los odres se pierden; pero el vino nuevo en odres nuevos se ha de echar". Marcos 2.22

Cuando Jesús nos habla de los odres viejos y de los odres nuevos, se refiere a que Dios está rompiendo estructuras, esquemas y formas viejas de pensar, porque todas estas cosas no tienen la capacidad de contener hoy el vino nuevo que Dios está derramando. Dios no está remendando odres viejos, sino cambiando los odres; es decir, lo que el Señor se ha propuesto hacer es un cambio profundo en la raíz y no sólo en la forma.

La nueva generación

Hoy día, Dios ha levantado una nueva generación de hombres y mujeres en todos los ámbitos, por ejemplo: en la educación, la cultura, el cine, el deporte, la política, la economía, el gobierno, los negocios, entre otros. Estos hombres y mujeres están verdaderamente comprometidos a cumplir el propósito y el llamado de Dios en sus vidas. Dios es un Dios que trabaja con generaciones y las usa de diferentes maneras. Veamos algunos ejemplos de ello:

"[36]Porque a la verdad David, habiendo servido a su propia generación según la voluntad de Dios, durmió, y fue reunido con sus padres, y vio corrupción". Hechos 13.36

"[14]Jehová vendrá a juicio contra los ancianos de su pueblo y contra sus príncipes; porque vosotros habéis devorado la viña, y el despojo del pobre está en vuestras casas". Isaías 3.14

En el caso anterior, por ejemplo, vemos a una generación que se salió del plan original que Dios tenía para su Iglesia, porque hubo muchas cosas que se convirtieron en tradiciones, religión y planes de hombres, sin tener en cuenta a Dios.

"⁴Y les pondré jóvenes por príncipes, y muchachos serán sus señores". Isaías 3.4

Los futuros apóstoles, profetas, evangelistas, pastores y maestros, serán personas jóvenes. Hay muchos ancianos que, en lugar de ser una bendición para el cuerpo, se han convertido en un obstáculo para la obra de Dios; y es por esta razón, que los próximos odres serán los jóvenes. Claro que no podemos ni debemos dejar de reconocer que Dios ha preservado un remanente de hombres y mujeres "viejos y sabios", quienes son el eslabón de enlace entre las generaciones. Ellos construyeron el puente que cerró la brecha generacional existente, entre la vieja generación y la nueva. Yo, personalmente, he visto y conozco a muchos hombres viejos y sabios, que reconocen que ellos son instrumentos para hacer la transición entre la vieja y la nueva generación, y en lugar de encerrarse en su vieja mentalidad, se están abriendo a nuevas formas de pensar. Estos mismos ancianos están desesperados buscando a otros para enseñarles todo lo que ellos saben, y de esa manera, adiestrar nuevos discípulos para que reciban una impartición del vino viejo y entren en la dimensión del vino nuevo. Muchos de estos hombres y mujeres han derramado lágrimas y han pagado el precio, para que nosotros ahora recibamos una impartición directa de ellos. Es decir, lo que a ellos les tomó muchos años de aprendizaje, a nosotros nos tomará poco tiempo.

Dios está trayendo grandes cambios a la iglesia y a cada creyente.

¿Qué es lo que causa que las personas busquen un cambio?

- **Un cierto grado de incomodidad.** La insatisfacción en algún área de su vida. Hay muchas personas que no se sienten cómodas con el nivel espiritual en que están, hay un hambre en sus corazones que les deja saber que hay cosas más profundas por aprender.

- **Cuando sienten dolor.** El dolor obliga a las personas a cambiar. Como sabemos, las experiencias dolorosas, ya sea que hayan sido causadas por las tradiciones de los hombres o por líderes que aún no han cambiado su forma de pensar, presionan a realizar un cambio.

Dios está trayendo cambios a su iglesia, y está levantando una nueva generación, una de odres nuevos para derramar su vino nuevo.

¿Cómo es la comparación de Jesús entre el vino viejo y el vino nuevo?

La comparación que hizo Jesús es muy interesante, porque de ahí, podemos tomar varios aspectos importantes para nuestra vida, pero, ¿a dónde nos quiere llevar con esta comparación?

"27Después de estas cosas salió, y vio a un publicano llamado Leví, sentado al banco de los tributos públicos, y le dijo: Sígueme. 28Y dejándolo todo, se levantó y le siguió. 29Y Leví le hizo gran banquete en su casa; y había mucha compañía de publicanos y de otros que estaban a la mesa con ellos. 30Y los escribas y los fariseos murmuraban contra los discípulos, diciendo: ¿Por qué coméis y bebéis con publicanos y pecadores? 31Respondiendo Jesús, les dijo: Los que están sanos no tienen necesidad de médico, sino los enfermos. 32No he venido a llamar a justos, sino a pecadores al arrepentimiento. 33Entonces ellos le dijeron: ¿Por qué los discípulos de Juan ayunan muchas veces y hacen oraciones, y asimismo los de los fariseos, pero los tuyos comen y beben? 34Él les dijo: ¿Podéis acaso hacer que los que están de bodas ayunen, entre tanto que el esposo está con ellos? 35Mas vendrán días cuando el esposo les será quitado; entonces, en aquellos días ayunarán. 36Les dijo también una parábola: Nadie corta un pedazo de un vestido nuevo y lo pone en un vestido viejo; pues si lo hace, no solamente rompe el nuevo, sino que el remiendo sacado de él no armoniza con el viejo. 37Y nadie echa vino nuevo en odres viejos; de otra manera, el vino nuevo romperá los odres y se derramará, y los odres se perderán. 38Mas el vino nuevo en odres nuevos se ha de echar; y lo uno y lo otro se conservan. 39Y ninguno que beba del añejo, quiere luego el nuevo; porque dice: El añejo es mejor". Lucas 5.27-39

Lo que está pasando aquí son dos situaciones:

- Los fariseos y los escribas estaban tratando de cortar la libertad de Jesús, debido a que ellos tenían ideas preconcebidas o prejuicios de cómo y con quiénes había que relacionarse; fue por eso, que no les gustó que Jesús se relacionara con los publicanos.

- Los fariseos y escribas estaban comparando entre la conducta de los discípulos de Juan y los discípulos de Jesús.

El legalismo siempre está tratando de controlar la vida de los demás y de someter a las personas a normas y patrones humanos.

¿Qué era un odre?

Era un envase de cuero para guardar vino. La piel que se usaba para hacer ese recipiente, era de animales, tales como: ovejas, cabras, bueyes y camellos.

El método más corriente era extraer la carne y los huesos del animal, dejando intacta la piel. Luego se volteaba, de manera que quedaba la parte interior hacia fuera. Las extremidades se amarraban bien y se sellaban. La parte del cuello se arreglaba para que sirviera de vertedero. Los odres, además de ser usados principalmente para guardar vino, eran usados para guardar agua, leche y aceite (esto es una tipología de: palabra, bendición y unción).

"¹⁷Ni echan vino nuevo en odres viejos; de otra manera los odres se rompen, y el vino se derrama, y los odres se pierden; pero echan el vino nuevo en odres nuevos, y lo uno y lo otro se conservan juntamente". Mateo 9.17

Cuando un odre se usaba para guardar vino recién fermentado, éste tenía que ser nuevo y resistente, porque de lo contrario, el odre se dañaba y el vino se derramaba. Los odres se ponían a remojar, lo cual era un proceso paulatino, progresivo y consistente. Este proceso es un simbolismo de cómo los creyentes deben estar expuestos a la palabra de Dios revelada todo el tiempo. En la medida que los odres se mantenían en remojo con agua, la corteza se iba ablandando hasta que el odre recuperaba su flexibilidad. Esto nos muestra cómo la Palabra va cambiando nuestras formas de pensar hasta que nos vuelve flexibles a los cambios.

"³⁷Y nadie echa vino nuevo en odres viejos; de otra manera, el vino nuevo romperá los odres y se derramará, y los odres se perderán. ³⁸Mas el vino nuevo en odres nuevos se ha de echar; y lo uno y lo otro se conservan. ³⁹Y ninguno que beba del añejo, quiere luego el nuevo; porque dice: El añejo es mejor". Lucas 5.37-39

¿Qué es lo que Jesús está tratando de comunicarnos?

Jesús está tratando de romper los moldes o los patrones de pensamientos prevalecientes en la mentalidad de los líderes religiosos de ese tiempo, que gobernaban la forma de pensar de las personas. Dichos moldes habían formado una cultura, y para establecer una mentalidad nueva o conceptos nuevos, era necesario romper con los viejos patrones, y así sustituirlos por conceptos nuevos.

¿Qué es lo que podemos concluir de lo que Jesús quiere decir?

1. **El orden nuevo de Dios no puede tener mezclas.**
   Cuando Dios establece un orden nuevo, no es posible hacer una mezcla de los patrones viejos con los nuevos. Dios está estableciendo algo nuevo y no un remiendo. Por ejemplo, usted no puede poner a trabajar dos creyentes con mentalidades diferentes. Dios no derrama su vino nuevo sobre alguien que tenga una vieja manera de pensar, a menos que desee cambiar.

2. **Cuando se intenta hacer una mezcla de mentalidades, el odre se rompe, porque lo nuevo y lo viejo no armonizan.**

   Resulta muy difícil ponerse de acuerdo con personas que no andan en la misma frecuencia, y quienes tienen patrones de pensamientos muy distintos a los suyos.

3. **No se pueden introducir mentalidades nuevas en estructuras viejas de pensamiento, porque se destruyen, y es una pérdida de tiempo, dinero y esfuerzo.**

Es necesario cambiar primero la estructura mental antes de introducir los nuevos conceptos. En el caso de los odres, tenían que ponerse a remojar para obtener flexibilidad; en otras palabras, hay que estar expuestos a una palabra de revelación constantemente, para que las estructuras antiguas de pensamiento desaparezcan.

4. **Se requieren odres nuevos para retener nuevos conceptos, o sea, mentalidades nuevas.**

Debemos derramar la mayor cantidad posible de vino nuevo sobre jóvenes, adolescentes y niños; y así, tener la seguridad de que los conceptos nuevos pasarán a las próximas generaciones.

¿Cuáles son los odres que debemos romper?

1. **El odre de las actitudes**

Una actitud es el modo de comportarse o de actuar frente a una circunstancia o hecho determinado. Actitud es el estado de ánimo o la predisposición interna, con la cual enfrentamos las crisis.

"30Entonces Caleb hizo callar al pueblo delante de Moisés, y dijo: Subamos luego, y tomemos posesión de ella; porque más podremos nosotros que ellos".
Números 13.30

"24Pero a mi siervo Caleb, por cuanto lo ha animado otro espíritu y decidió ir detrás de mí, yo lo haré entrar en la tierra donde estuvo, y su descendencia la tendrá en posesión". Números 14.24

Josué y Caleb tenían un espíritu diferente, una actitud diferente de los demás, porque era una actitud de la generación del vino nuevo.

Las personas de la generación del vino nuevo tienen un espíritu guerrero de conquista, lucha y valentía.

La actitud de un creyente que es "odre nuevo", es totalmente diferente a otras; es de fe, de esperanza y de victoria. Si queremos ser la generación de los odres nuevos, debemos cambiar nuestras actitudes antiguas; por ejemplo, la actitud de pasividad, de pobreza, de miseria, la actitud de "no puedo", "no sirvo", entre otras. Estas actitudes negativas son obstáculos para llevarnos a cambiar.

2. El odre del vocabulario o el lenguaje

La iglesia necesita aprender el lenguaje del vino nuevo, que vaya desplazando la terminología vieja, con la cual hemos venido "vistiendo" al cristianismo.

Usted no puede llegar a palacio hablando como un campesino.

Jesús introdujo un nuevo pacto por medio de un vocabulario nuevo, en el sermón del Monte, cuando nos dio las bienaventuranzas, por ejemplo: tiempos de refrigerio, redes apostólicas y proféticas, restaurar, discutir, avivamiento, reforma genética espiritual, herencia, destino, propósito, espíritu de Elías, revelación, activación, esquemas mentales, paradigma, cielos abiertos, nuevo orden sacerdotal, punta de lanza, el tercer día, guerra espiritual, entre otros. Si somos odres nuevos, tenemos que cambiar nuestro vocabulario.

3. El odre de la metodología de trabajo.

Esto tiene que ver con la forma de hacer las cosas. Hay muchas personas que se van de las iglesias porque no están de acuerdo con la manera en que se hacen las cosas. La sociedad ha evolucionado, la ciencia se ha multiplicado y la tecnología ha aumentado; hay que estar sensibles al cambio. Queremos ganar a la juventud de hoy cantando los mismos cantos de hace treinta años atrás, usando los mismos métodos que se usaron hace dos décadas, y así no va a funcionar; debemos cambiar todos estos métodos de trabajo por unos que se ajusten a la actualidad.

4. Las estructuras mentales o formas de pensar.

"[2]No os conforméis a este siglo, sino transformaos por medio de la renovación de vuestro entendimiento, para que comprobéis cuál sea la buena voluntad de Dios, agradable y perfecta". Romanos 12.2

Analicemos ciertas palabras claves en este verso del libro de los Romanos.

- **"No os conforméis"** - Es la palabra griega *"suschimatizo"*, que significa no conformarse a sí mismo, en su mente y su carácter a otros patrones, esquemas o moldes.

- **"Transformaos"** - Es la palabra griega *"meta-morpho"*, que significa cambiarse a otra forma. Esta palabra se refiera a un estado de cambio permanente.

- **"Renovaos"** - Es la palabra griega *"anakai-nosis"*, que significa un cambio para mejorar o para ir a otro nivel mayor. Es un ajuste de la visión moral, espiritual y del pensamiento de la mente de Dios, que tiene que llevar a cabo un efecto transformador sobre la vida del creyente.

La palabra *"renovaos"* consta de dos partes muy significativas: **re:** repetidamente, **novar:** nuevo. Es decir, "colocar algo nuevo" repetidamente.

- **"Comprobéis"** - Es la palabra griega *"dokimazo"*, que significa: aprobar que dicha cosa vale la pena.

Recordemos que los odres se ponían a remojar, lo cual indica que este proceso era paulatino, progresivo y consistente. La exposición al agua (sinónimo de la palabra de Dios) permitía que lo duro del odre (la vieja estructura mental) se ablandara, y finalmente, pudiera recuperar su flexibilidad.

El vino nuevo de Dios

No se conforme a sí mismo, en su mente y en su carácter, a los patrones, moldes o esquemas que predominan en el mundo. Más bien, suba al próximo nivel, y mantenga un estado de cambio permanente por medio de la adopción de nuevos patrones de pensamiento, que lo mejoren para que pueda llegar a discernir, probar y aprobar que existen otros niveles de la voluntad de Dios que son importantes, buenos, agradables y perfectos; y que estos nuevos patrones de pensamientos le dan la capacidad de expansión, lo cual permite retener sin riesgo, que los muros de nuevos conceptos (el vino nuevo) que le gobernarán, se rompan.

Dios está levantando una generación nueva, que ha recibido un mandato de Dios para llevar a cabo sus planes y propósitos del último tiempo; una generación que no está satisfecha ni cómoda con lo que ha visto y ha oído, por lo tanto, tiene hambre y sed de revelaciones. Es una generación que está cansada del legalismo y el libertinaje, pues ella misma se ha ofrecido a Dios como odre nuevo para que el Señor derrame su vino nuevo. Esta generación está compuesta por hombres y mujeres con una mentalidad abierta, que no se han conformado a los viejos patrones y moldes; hombres y mujeres que no se han dejado moldear por el legalismo o la tradición, sino que más bien han adoptado otra forma de pensar, con el propósito de alcanzar mayor unción, autoridad y bendición. Hombres y mujeres que tienen otro vocabulario, otras maneras de trabajar y, sobretodo, tienen una actitud diferente para enfrentar los desafíos y los retos que vienen. Hombres y mujeres flexibles, adaptables, moldeables en su mente y en su corazón, lo que los conducirá a ser la generación del vino nuevo. Es una generación que está dispuesta a cambiar.

CAPÍTULO II

La restauración de todas las cosas

Para que cada uno de nosotros logremos entender cómo será la generación futura, es necesario que analicemos lo que ha sucedido en los años y siglos anteriores. Dios ha estado restaurando todas las cosas a su modelo original. Dios ha restaurado y restaurará todas las cosas que nos ha robado el enemigo, así como dice la Palabra.

"19Así que, arrepentíos y convertíos para que sean borrados vuestros pecados; para que vengan de la presencia del Señor tiempos de consuelo, 20y él envíe a Jesucristo, que os fue antes anunciado. 21A éste, ciertamente, es necesario que el cielo reciba hasta los tiempos de la restauración de todas las cosas, de que habló Dios por boca de sus santos profetas que han sido desde tiempo antiguo...". Hechos 3.19-21

"23Vosotros también, hijos de Sión, alegraos y gozaos en Jehová, vuestro Dios; porque os ha dado la primera lluvia a su tiempo, y hará descender sobre vosotros lluvia temprana y tardía, como al principio. 24Las eras se llenarán de trigo y los lagares rebosarán de vino y aceite. 25Yo os restituiré los años que comió la oruga, el saltón, el revoltón y la langosta, mi gran ejército que envié contra vosotros". Joel 2.23-25

¿Qué es la restauración?

La palabra restauración significa volver algo a su posición, estado, condición o función original. Dios ha estado restaurando y haciendo reformas en su iglesia. Algunas cosas que hemos visto restauradas son: La alabanza y la adoración, la guerra espiritual, la intercesión, la liberación y la sanidad interior, la sanidad divina, la danza, el bautismo con el Espíritu Santo, los dones del Espíritu Santo, la prosperidad, la restauración de la mujer, los cinco ministerios (apóstol, pastor, evangelista, maestro, profeta). La restauración implica también, que por alguna razón, estas cosas anteriormente mencionadas, se fueron deteriorando con el tiempo, con el descuido y las circunstancias, y que el estado que ahora tienen está muy lejos de ser lo que fueron originalmente.

Unas de las cosas que Dios ha restaurado y que son cruciales, son los cinco ministerios:

1940 – 1950	Dios restauró al Pastor.
1950 – 1960	Dios restauró el ministerio del evangelista, algunos hombres de ese tiempo fueron A. Allen, Jackcoe y otros.
1960 – 1970	Dios restauró al maestro.
1980 – 1990	Dios restauró al profeta.
1990 – 2000	Dios restauró al apóstol.

Con la restauración de los cinco ministerios, Dios está preparando a la iglesia y levantando una próxima generación de hombres y mujeres para el avivamiento final.

¿Para qué Dios restauró los cinco ministerios?

"11Y él mismo constituyó a unos, apóstoles; a otros, profetas; a otros, evangelistas; a otros, pastores y maestros, 12a fin de perfeccionar a los santos para la obra del ministerio, para la edificación del cuerpo de Cristo, 13hasta que todos lleguemos a la unidad de la fe y del conocimiento del Hijo de Dios, a un varón perfecto, a la medida de la estatura de la plenitud de Cristo; 14para que ya no seamos niños fluctuantes, llevados por doquiera de todo viento de doctrina, por estratagema de hombres que para engañar emplean con astucia las artimañas del error, 15sino que siguiendo la verdad en amor, crezcamos en todo en aquel que es la cabeza, esto es, Cristo...". Efesios 4.11-15

A continuación, estudiaremos las razones por las cuales las cinco oficinas ministeriales fueron restauradas, ya que sin estar restauradas completamente, Dios no podría cumplir con todos los propósitos para su Iglesia aquí en la tierra.

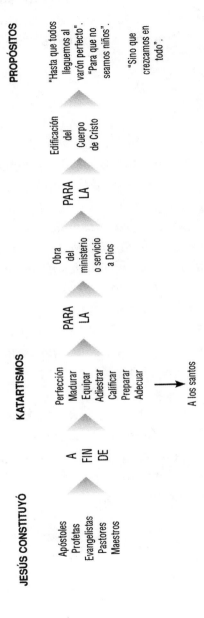

JESÚS CONSTITUYÓ

Apóstoles
Profetas
Evangelistas
Pastores
Maestros

A
FIN
DE

KATARTISMOS

Perfección
Madurar
Equipar
Adiestrar
Calificar
Preparar
Adecuar

A los santos

PARA
LA

Obra
del
ministerio
o servicio
a Dios

PARA
LA

Edificación
del
Cuerpo
de Cristo

PROPÓSITOS

"Hasta que todos lleguemos al varón perfecto".
"Para que no seamos niños".

"Sino que crezcamos en todo".

Dios constituyó los cinco ministerios y los restauró en este último tiempo a fin de equipar, adiestrar, preparar y madurar a los santos para la obra del ministerio y para el pleno servicio a Dios. Otra manera de decirlo es, para llevar a cada santo o a cada creyente a conocer su llamado, prepararlo y enviarlo al ministerio. Esto se hace para la edificación del cuerpo con el propósito de que todos lleguemos a la medida y estatura de Cristo, para que ya no seamos niños, sino personas que crecen. Dios constituyó los cinco ministerios con el objetivo de que hagan de cada creyente un ministro enteramente preparado, equipado para cualquier organización dada por Dios. Cada santo debe ser capacitado para echar fuera demonios, sanar los enfermos, sanar los quebrantados de corazón, predicar, enseñar, evangelizar y hacer todo aquello que Dios le ordene.

Existen cuatro palabras griegas que describen la madurez espiritual de un hijo, tanto en lo natural como en lo espiritual. Tomando eso en cuenta, hemos ido a la Escritura, para que nos respalde y nos dé un parámetro que nos permita determinar en qué nivel de madurez nos encontramos; teniendo en cuenta que cada uno de nosotros debe ser perfeccionado y adiestrado bajo los cinco ministerios dados a la iglesia para su crecimiento. En mi libro de madurez espiritual, lo explico con más detalles, pero básicamente son los siguientes:

- **"Nepio"** – Es un hijo o un creyente inmaduro, movido y agitado emocionalmente por las circunstancias. Es un creyente que no tiene ningún fundamento sólido ni fortaleza espiritual, y se ofende fácilmente.

- **"Paidion"** – Es un hijo o un creyente inmaduro que ya tiene su propia voluntad, pero no tiene discernimiento espiritual; es un creyente de doble ánimo.

- **"Teknon"** – Es un hijo que es adolescente; es la etapa donde Dios comienza a usarlo con los dones, pero todavía no está listo para el ministerio. Ésta es la etapa de la rebeldía, donde necesita ser corregido y disciplinado.

- **"Huio"** – Es un hijo que ha alcanzado madurez y está listo para ponerse en posición; aptos para recibir la herencia. Es uno que está listo para ser enviado al ministerio.

Los cinco ministerios son dados al cuerpo de Cristo para preparar y hacer crecer a los santos, para que dejen de ser niños *"nepios"* y lleguen a ser *"huios"*, hijos adultos para ser enviados al ministerio.

CAPÍTULO III

La renovación
de la mente

Los cinco ministerios llevarán a cabo la madurez del creyente por medio de tres aspectos principales: la **renovación de la mente, la transformación y la reforma.** Cuando los cinco ministerios llevan a cabo estos tres aspectos, entonces Dios traerá avivamiento. La tarea de la Iglesia es ponerlos en acción y entonces, es tarea o iniciativa de Dios traer el avivamiento. A continuación, estudiaremos cada uno de los tres aspectos como tarea de los cinco ministerios.

La renovación

¿Qué es la renovación de un creyente?

Es la palabra *"anakainoses"* que significa hacer un cambio para mejorar, hacer un ajuste en nuestros pensamientos. Quitar los pensamientos viejos que están en nuestra mente y poner repetidamente pensamientos nuevos que estén alineados con los de Dios para llevar a cabo una transformación. Para que entendamos mejor esta renovación, debemos tener claro los componentes del hombre. El hombre es un espíritu que tiene un alma y que vive en un cuerpo físico, por esto decimos que el hombre es un ser tripartito.

- **Espíritu** – Es la parte del hombre que nace de nuevo al recibir a Jesús como Señor y Salvador. Es la naturaleza espiritual del hombre, la que le da la capacidad de comunicarse con Dios.

- **Alma** – Se compone de voluntad, emociones y mente. Ésta es la parte de nuestro ser que no nace de nuevo y que necesita ser renovada, transformada y liberada.

- **Cuerpo** – Es el medio por el cual nos contactamos con el mundo físico, a través de los cincos sentidos.

Nosotros como pastores, evangelistas, maestros, apóstoles o profetas, tenemos un reto por delante, y es guiar a la iglesia a ser renovada y transformada para que haya una reforma; y de esta manera, lograr un avivamiento.

El proceso de la renovación

"2No os conforméis a este siglo, sino transformaos por medio de la renovación de vuestro entendimiento, para que comprobéis cuál sea la buena voluntad de Dios, agradable y perfecta". Romanos 12.2

Según mencionamos en el primer capítulo, el proceso de la renovación consiste en: no conformarse a sí mismo en su mente y en su carácter, estar en un estado de cambio permanente, lograr un ajuste de la visión moral y espiritual y del pensamiento, de acuerdo a la mente de Cristo; y finalmente, comprobar que el cambio vale la pena.

Para concluir, hay dos aspectos importantes que debemos tener en cuenta y son:

- No pueden existir cambios en nuestras vidas si no hay **transformación** y renovación de nuestra mente.

- No podemos ir a otros niveles de la voluntad de Dios si no **renovamos** nuestra mente. Usted y yo nunca conoceremos otras profundidades de unción, autoridad y temor de Dios si no renovamos nuestra manera de pensar.

¿Qué dijo Jesús al respecto?

"15...diciendo: El tiempo se ha cumplido, y el reino de Dios se ha acercado; arrepentíos, y creed en el evangelio". Marcos 1.15

La palabra **arrepentíos** significa cambiar la manera de pensar, un cambio de mente, de dirección y de corazón. Jesús está diciendo: "arrepentíos que el

Reino de Dios ha llegado"; por tanto, es necesario que cambien su manera de pensar de acuerdo a cómo hacer las nuevas cosas para el Reino; cambien la mentalidad acerca de cómo llevar a cabo un servicio; por ejemplo, qué metodología usar, entre otros.

"22En cuanto a la pasada manera de vivir, despojaos del viejo hombre, que está viciado conforme a los deseos engañosos, 23y renovaos en el espíritu de vuestra mente, 24y vestíos del nuevo hombre, creado según Dios en la justicia y santidad de la verdad". Efesios 4.22-24

Entonces, ¿cuál es el proceso de la renovación?

• Renunciar a la vieja manera de pensar. Debemos hacer un hábito el renunciar todos los días a nuestra viciada manera de pensar.

• Sustituir todo pensamiento contrario al fluir del Espíritu Santo en este último tiempo. La ciencia ha podido demostrar que un hábito no se puede eliminar, más bien sustituir; por lo tanto, debemos arrancar cada día, todo pensamiento viejo y sustituirlo con uno nuevo.

¿Cómo lo hacemos?

- Recibir la palabra con mansedumbre.

   "21Por lo cual, desechando toda inmundicia y abun-dancia de malicia, recibid con mansedumbre la

palabra implantada, la cual puede salvar vuestras almas". Santiago 1.21

- En esto pensad:

"8Por lo demás, hermanos, todo lo que es verdadero, todo lo honesto, todo lo justo, todo lo puro, todo lo amable, todo lo que es de buen nombre; si hay virtud alguna, si algo digno de alabanza, en esto pensad". Filipenses 4.8

La renovación del alma dará como resultado una nueva vida en Cristo. La renovación de nuestra mente es un paso para mantener nuestra libertad y nuestra sanidad. Muchas personas pierden su milagro porque no renuevan su mente. Nuestro trabajo como ministros es traer cada día una palabra que ayude a las personas a dejar la vieja mentalidad y sustituirla por una nueva.

¿Cuáles son las mentalidades viejas que traemos y cómo llegan a nuestra mente?

"4...porque las armas de nuestra milicia no son carnales, sino poderosas en Dios para la destrucción de fortalezas". 2 Corintios 10.4

A estas mentalidades, patrones o maneras de pensar, la Palabra les llama fortalezas. De estos versos, podemos deducir las siguientes palabras: argumentos, imaginaciones, altivez, pensamientos, ideas, conceptos y estructuras. Como puede observar, cada una de estas palabras, definen los elementos que constituyen la forma de pensar y de expresarse de una persona; y además, forman una fortaleza en el individuo que lo impulsan a pensar y a actuar de una forma determinada.

"⁷Porque cual es su pensamiento en su corazón, tal es él. Come y bebe, te dirá; mas su corazón no está contigo". Proverbios 23.7

¿Qué es una fortaleza?

Es la palabra griega *"ochoruma"*, que significa un fuerte, un castillo, un palacio fortificado.

El apóstol Pablo relaciona las fortalezas con imaginaciones. En el griego, la palabra **imaginaciones** es *"logismos"*, que significa: razonamiento, pensamiento, computación lógica, y conlleva la idea de sostener algo cerrado.

Fortaleza – También se refiere a las mentes cerradas. Las mentes cerradas nos alejan de la verdad, apoyándose en mentiras. Los creyentes con mentes cerradas no pueden recibir la palabra de Dios. Una parte de la guerra espiritual consiste en demoler estas fortalezas o mentes cerradas para que las personas puedan recibir y caminar en la verdad.

Fortaleza – Es un argumento, raciocinio, opinión, idea, filosofía estructurada que resiste el conocimiento de Dios.

La guerra espiritual consiste en:

- **Interceder** en contra de los principados que están arriba en los cielos. Esto se aplica al hacer guerra, intercediendo contra las huestes espirituales de maldad; y de esa manera, derribamos al enemigo en los cielos.

- **Destruir** fortalezas en la mente de las personas. Las fortalezas se destruyen cuando se predica la palabra de Dios, logrando así cambiar las viejas mentalidades del ser humano. Aquí en la tierra hacemos guerra por medio de enseñar y predicar tópicos bíblicos que desafíen a cambiar la mentalidad de las personas, renovando su vieja manera de pensar y dándoles algo nuevo con lo cual puedan sustituir sus pensamientos; esto se lleva a cabo por medio de la unción apostólica.

- **Echar fuera demonios.** Una vez que se destruyen las fortalezas que están en la mente de las personas, entonces se les echa fuera todo demonio.

Las fortalezas en la mente de una persona hacen tres cosas:

- **Alejan** al pueblo del conocimiento de Dios. La persona que tiene una fortaleza mental, desarrolla un bloqueo en su mente que no le permite entender la verdad, ni tiene la voluntad para recibirla.

- Le **impiden** a las personas obedecer la verdad, por eso, el resultado final es la ignorancia y la rebelión.

- Traen **resistencia** al cambio. Las personas con fortalezas mentales nunca cambian, ya que el cambio les parece una amenaza.

Por eso, es que la guerra espiritual no sólo consiste en derribar principados y potestades, sino también, en derribar las fortalezas y los pensamientos de las personas. No es sólo interceder en los aires, sino también transformar la mentalidad de las personas por medio de la predicación de la Palabra.

El término **"mentes cerradas"** es una combinación de ambos:

- mentes
- cerradas

La mente ya está formada sobre un conjunto de creencias, por lo tanto, se resiste al cambio. Esto quiere decir, que estas mentes son fijas y rígidas.

Muchas personas reclaman tener mentes abiertas, pero en realidad, no la tienen. Sus mentes están endurecidas y cerradas a la verdad y a las nuevas revelaciones. Cuando una nueva revelación llega a una persona, entonces se sabe si su mente está abierta o cerrada.

¿Cuáles son las situaciones o medios donde se forman estas fortalezas mentales o mentes cerradas?

- Experiencias del pasado
- Enseñanzas de sus antepasados
- La cultura
- Los medios de comunicación, tales como: la televisión, la radio, entre otros.
- El espíritu de los griegos (espíritu de Grecia)
- Espíritus inmundos y otros

Por ejemplo, una persona orgullosa, en su manera de pensar, no admite que está equivocada. Estas fortalezas son tan fuertes que son como una **ciudadela**, un castillo, una torre o una muralla. Las personas quisieran mantener una manera presente de pensar antes que cambiar. Ellos defenderán su manera de pensar por medio de argumentos y debates, y si es posible, también blasfemarán. El comunismo es un ejemplo de una ideología mental cerrada, que no permite cambios, y conduce a la gente a la destrucción. Las fortalezas son el principal estorbo para el avance del evangelio, por lo que deben ser derribadas con la unción apostólica.

Fortaleza es cualquier cosa que impide hacer lo que Dios dice que yo puedo ser y hacer.

Fortalezas - una mente predispuesta, impregnada con desesperanza, que causa que la persona acepte el hecho de que no se puede cambiar la situación.

La depresión viene a una persona por una fortaleza en la mente que le hace pensar: "no hay cambio para mí".

Algunas mentalidades o fortalezas más comunes en las personas son:

Fortalezas o mentes cerradas. La manera de vernos a nosotros mismos (fortalezas de limitaciones).

- "Yo no sirvo".
- "Yo soy homosexual y no puedo cambiar".
- "Yo no puedo llegar a tener éxito en ningún área".
- "Yo soy tonto y estúpido".
- "Yo no soy aceptado".
- "Yo soy rechazado por todo el mundo".
- "Yo nunca saldré hacia adelante".
- "Yo tengo mucho temor".
- "Yo soy pobre y no tengo dinero".

- "Yo no tengo un llamado de Dios".
- "Yo soy culpable de todo".
- "Yo soy feo".
- "Yo nunca tendré éxito".
- "Yo estoy gordo".
- "Yo soy inseguro".
- "Yo soy un fracasado".

Mentalidades, fortalezas o mentes cerradas en la manera de cómo vemos a otros, fortalezas de mentiras.

- "Todo el mundo es malo".
- "Todo el mundo quiere herirme".
- "Pagar mal por mal a otros".
- "Toda la gente es falsa".
- "No existe nadie bueno".
- "Yo nunca confiaré en nadie".
- "Todo el mundo quiere aprovecharse de mí".
- "La gente siempre me traiciona".

Fortalezas, mentalidades de cómo vemos y pensamos de Dios (fortalezas religiosas).

- "Dios es malo y no me ama".
- "Dios es el culpable de todo lo malo".
- "Dios es una escultura de madera o barro".
- "Dios es como un hombre".
- "Todos los creyentes son falsos".

- "Todas las religiones van a Dios".
- "Mi religión es la verdadera".

Fortalezas acerca del dinero.

- "El dinero es malo, no se puede tener".
- "El dinero lo resuelve todo en la vida".
- "Para prosperar, sólo necesito ganarme la lotería".

Fortalezas de humanismo e intelectualismo.

- "Nosotros somos capaces de hacer cualquier cosa sin la ayuda de Dios".

- Tratar de comprender y entender las cosas espirituales, especialmente lo sobrenatural, con nuestro entendimiento.

¿Cómo podemos renovar, transformar o destruir las fortalezas, mentes cerradas o viejas maneras de pensar?

1. Destruyéndolas con la unción apostólica.

"10Mira que te he puesto en este día sobre naciones y sobre reinos, para arrancar y para destruir, para arruinar y para derribar, para edificar y para plantar". Jeremías 1.10

"4...porque las armas de nuestra milicia no son carnales, sino poderosas en Dios para la destrucción de fortalezas...". 2 Corintios 10.4

Los apóstoles tienen un espíritu de guerra dado por Dios, y están llamados a traer nuevas revelaciones bíblicas al pueblo, para derribar las viejas formas de pensar y poner mentalidades nuevas.

Veamos cómo es el proceso de derribar fortalezas:

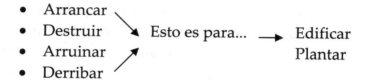

- Arrancar
- Destruir   Esto es para... ⟶   Edificar
- Arruinar   Plantar
- Derribar

Primero arrancamos y después plantamos

La palabra **milicia** es traducida en el idioma griego como *"strateia"*, que significa apostolado, carrera, servicio militar. Pablo está diciendo que las armas de su ministerio apostólico son poderosas para la destrucción de fortalezas mentales en las personas.

La unción apostólica tiene la habilidad de derribar, destruir, arrancar mentalidades equivocadas, mentes cerradas y fortalezas por medio de la revelación de la Palabra de nuevas verdades. Una de las cosas que trae un verdadero apóstol, es una revelación fresca de la Palabra que desafía a las personas a cambiar su manera de pensar y de actuar.

2. **Sustituir nuestra vieja manera de pensar (plantar, sembrar y edificar).**

Hay creyentes que han renunciado a toda fortaleza. La revelación de la Palabra ha llegado y han sido liberados, pero no han sustituido nada de lo viejo. Se siguen sintiendo rechazados, se siguen sintiendo culpables y heridos, porque necesitan edificar y plantar nuevos conceptos, nuevos pensamientos acerca de su vida, familia, finanzas, entre otros.

¿Cómo se hace esto? Por medio de oír continuamente la palabra de Dios, y de poner repetidamente lo mismo en nuestro espíritu y en nuestra mente.

3. **Por medio del discipulado.**

Jesús, quien es nuestro ejemplo, sabía perfectamente que se necesitaba de un proceso para renovar a los creyentes, hasta llevarlos a ser como Él. A este proceso, se le llamó discipulado.

Ningún creyente puede llegar a ser un agente de transformación, en su casa, hogar, trabajo, escuela o en cualquier otro lugar, si antes no es renovado en su mente con la palabra de Dios.

Dios no nos llamó a ser convertidos o nacidos de nuevo solamente. Dios nos llamó a ser discípulos. Sin la renovación y la transformación de nuestras viejas mentalidades, no hay un verdadero testimonio de Cristo en nosotros. Las consecuencias o efectos de la renovación de la mente del hombre nuevo en su vida, matrimonio, familia y comunidad son innumerables. Un creyente con la mente renovada y transformada se convierte en un agente de transformación. Por otro lado, aquel creyente que sigue con su misma manera de pensar, continuará siendo un niño, que más parece un esclavo que un hijo.

CAPÍTULO IV

La influencia del espíritu de Grecia

Empecemos por decir que este espíritu es el enemigo número uno de lo sobrenatural, y que su influencia en la iglesia de Cristo ha paralizado lo profético y todo aquello que es sobrenatural. Estudiemos un poco más acerca de este espíritu.

"20El me dijo: ¿Sabes por qué he venido a ti? Pues ahora tengo que volver para pelear contra el príncipe de Persia; y al terminar con él, el príncipe de Grecia vendrá. 21Pero yo te declararé lo que está escrito en el libro de la verdad; y ninguno me ayuda contra ellos, sino Miguel".
Daniel 10.20, 21

El espíritu de Grecia

Con la muerte de los apóstoles, en el año 100, el espíritu de Grecia comenzó a infiltrarse. El mundo griego, en el cual los primeros apóstoles ministraron, estuvo lleno de tales filosofías. Los griegos fueron amantes de la sabiduría, y por eso, buscaron el conocimiento, al punto de desarrollar una mente idólatra; en otras palabras, ellos adoraban el conocimiento. La palabra filosofía salió de Grecia y significa el amor al conocimiento.

Los griegos fueron los guardianes de Aristóteles, Platón y de innumerables filósofos. Ellos tenían fuertes altercados o disputas, en la cuales trataban de defender sus puntos de vista, pues amaban el debate y el razonamiento. Fue en esta clase de mundo, donde nació la iglesia; pero, por medio de la gracia y la unción apostólica, se le dio a ésta la capacidad de vencer esta mentalidad. El espíritu de Grecia funciona como una estructura rígida, impregnada de razonamientos y filosofías humanas, que tienen como objetivo que el individuo llegue a ser un ¡súper hombre! o un ¡súper dios!

Este espíritu se manifiesta en forma de pensamiento que limita al creyente para que éste no entre en el Reino de Dios ni a sus dimensiones sobrenaturales. Para el tiempo de los apóstoles, el mundo estaba controlado políticamente por los romanos, pero influenciado culturalmente por los griegos, los cuales fueron una de las mayores fortalezas de oposición para el cristiano. Los espíritus de intelectualismo y racionalismo impidieron que muchos pudieran creer que Cristo había resucitado. Las universidades de la época estaban llenas de este espíritu. Sin embargo, los espíritus de intelectualismo, racionalismo, orgullo, debate y mente idólatra son, también, espíritus gobernantes aún hoy día en muchos sistemas actuales de educación. Debemos tener en cuenta que los primeros apóstoles tuvieron que confrontar a estos espíritus.

Las diosas Atenea, Sophía y Diana forman la estructura principal que sostiene estas líneas pensamiento.

Atenea: Es la diosa griega que odia todo lo apostólico, profético y sobrenatural. Simboliza la razón y la sabiduría para los griegos.

Sophía: Es la diosa de la sabiduría y del amor al conocimiento sobre todas las cosas.

Diana: Es la diosa religiosa, también conocida como la reina del cielo.

Leamos lo que dice la Palabra:

"5...derribando argumentos y toda altivez que se levanta contra el conocimiento de Dios, y llevando cautivo todo pensamiento a la obediencia a Cristo..." 2 Corintios 10.5

Una de las traducciones dice: "Nosotros derribamos sofismos y toda cabeza orgullosa que se levante contra el conocimiento de Dios". Los sofistas fueron filósofos griegos que se especializaban en la retórica y en la argumentación dialéctica. Ellos eran maestros, filósofos y profesionales que elaboraban argumentos complicados. Los griegos buscaban sabiduría mientras que los judíos buscaban señales. El sofismo es un engaño del mismo diablo.

"22Porque los judíos piden señales, y los griegos buscan sabiduría...". 1 Corintios 1.22

Los griegos inundaron con esta filosofía todo el mundo occidental, incluyendo Estados Unidos de América y Europa. La finalidad de este espíritu ha sido gobernar todo el mundo.

¿Cuáles son algunas características de la cultura griega o del espíritu de Grecia?

- **El humanismo.** Esta filosofía comenzó con Heráclito al destronar a Dios del centro de atención para poner, en su lugar, al hombre como si fuera un dios. Un ejemplo de esto es el movimiento de la nueva era, el cual enseña que el hombre es Dios y que no necesita de un ser supremo para su existencia.

- **El intelectualismo.** Es la exaltación de la inteligencia humana; el reconocimiento y el logro de metas y sus símbolos (diplomas, títulos, riquezas). Según esta línea de pensamiento, lo más importante es alcanzar títulos, reconocimiento humano y riquezas, por encima de Dios y de cualquier otra cosa. La razón, según el pensamiento griego, es la que rige el universo. La meta es desarrollar al hombre intelectualmente y, de esa manera, llevarlo a ser un dios por sí mismo. Todo esto sustituye la unción y el poder de Dios. El intelectualismo sigue siendo el pensamiento de las culturas occidentales, Rusia, Europa y otros países.

¿En qué consiste el intelectualismo?

Resiste lo sobrenatural. Una de las razones por las cuales muchos ministros y creyentes no se mueven en lo sobrenatural, es por la influencia del espíritu de Grecia. Éste es el punto más importante que quiero explicarle con las siguientes características:

➢ **Niega todo aquello que no se puede explicar,** desestimando y aboliendo claramente el concepto de vivir por fe; pues éste no puede ser explicado por el método científico. Esta negación es una de las razones por las cuales la iglesia ha perdido su poder, porque cree más en lo que se puede ver a simple vista que en lo que no se puede ver, y la palabra de Dios nos manda a vivir por fe y no por vista.

"⁴He aquí que aquel cuya alma no es recta, se enorgullece; mas el justo por su fe vivirá".
Habacuc 2.4

"⁷...(porque por fe andamos, no por vista)".
2 Corintios 5.7

> **Niega la existencia de los demonios,** impidiendo así la liberación en los creyentes. Desafortunadamente, encontramos a muchos creyentes en las iglesias que están atados por el enemigo, porque el pastor no cree en la liberación ni en los demonios. Una de las grandes mentiras del diablo, con la cual engaña a la humanidad, es aquella que dice que los demonios no existen, y la iglesia se lo ha creído. Veamos cómo Jesús trató con los demonios.

"²²Y he aquí una mujer cananea que había salido de aquella región clamaba, diciéndole: ¡Señor, Hijo de David, ten misericordia de mí! Mi hija es gravemente atormentada por un demonio. ²³Pero Jesús no le respondió palabra. Entonces acercándose sus discípulos, le rogaron, diciendo: Despídela, pues da voces tras nosotros. ²⁴El respondiendo, dijo: No soy enviado sino a las ovejas perdidas de la casa de Israel. ²⁵Entonces ella vino y se postró ante él, diciendo: ¡Señor, socórreme! ²⁶Respondiendo él, dijo: No está bien tomar el pan de los hijos, y echarlo a los perrillos. ²⁷Y ella dijo: Sí, Señor; pero aun los perrillos comen de las migajas que caen de la mesa de sus amos. ²⁸Entonces respondiendo Jesús, dijo: Oh mujer, grande es tu fe; hágase contigo como quieres. Y su hija fue sanada desde aquella hora".
Mateo 15.22-28

➢ **Niega la sanidad divina.** El pueblo de la Biblia (Judío) fue adiestrado para ver a Dios hacer cosas extraordinarias y sobrenaturales. Nuestro Dios, Jehová de los Ejércitos, es un Dios sobrenatural y poderoso que hace milagros, sanidades, prodigios, echa fuera demonios y profetiza. Su esencia es sobrenatural. Nosotros como su pueblo, tenemos que movernos en esa dimensión, pero la influencia del espíritu de Grecia ha sido tan grande, que ha creado fortalezas en las mentes de las personas, impidiendo que en las iglesias, éstas sean salvas, sanas y libres, más bien prefieren razonarlo todo y si no lo entienden, no lo creen. Renunciemos al espíritu de Grecia si de verdad queremos ver manifestado lo sobrenatural de Dios.

➢ **Descarta los dones del Espíritu Santo.** Muy rara vez, vemos a los creyentes fluir en los dones del Espíritu Santo; hablan de ellos, pero ellos mismos no lo creen, y por consiguiente, no los pueden ver manifestados en su vida.

➢ **Humaniza la Palabra de Dios.** El espíritu de Grecia dice que la palabra de Dios es como la palabra de un hombre cualquiera. La mentalidad hebrea es que Dios es un Dios sobrenatural, que Dios es Dios y no un hombre para ser explicado. Ésa fue la mentalidad que Jesús trajo; Él vino y demostró lo sobrenatural.

➤ **Promueve el amor por la belleza y la estética.** Un exagerado interés por la belleza. La adoraban más que a Dios y se podía ver en la perspectiva que tenían de la escultura, la arquitectura y otros.

➤ **Promueve el amor y la adoración por el cuerpo físico.** Exaltaron de tal manera al cuerpo físico, que se convirtió en un objeto de pasión, lascivia y otros. Esto lo podemos ver hoy día en:

- La dieta
- El deporte
- La anorexia
- La bulimia
- La cirugía estética

El intelectualismo, el humanismo y el amor al cuerpo, traen como resultado, conductas sexuales aberrantes y pornográficas. Desafortunadamente, esto se ha metido en la iglesia de hoy.

➤ **Incentiva el amor a los deportes.** Las olimpiadas tienen origen en Grecia, pero realmente lo que está detrás de las olimpiadas es la competencia. El espíritu de Grecia es un espíritu de competencia, donde es importante ser el mejor a cualquier precio. Estas actitudes se han metido en la iglesia; queremos ser los mejores sin importar a quién pisemos; no nos importa si tenemos que traicionar y comprometer principios para poder obtener el fin deseado.

Un ejemplo de cómo opera el espíritu de Grecia, está en la siguiente escritura:

"[20]*Porque las cosas invisibles de él, su eterno poder y deidad, se hacen claramente visibles desde la creación del mundo, siendo entendidas por medio de las cosas hechas, de modo que no tienen excusa.* "[21]*Pues habiendo conocido a Dios, no le glorificaron como a Dios, ni le dieron gracias, sino que se envanecieron en sus razonamientos, y su necio corazón fue entenebrecido.* [22]*Profesando ser sabios, se hicieron necios,* [23]*y cambiaron la gloria del Dios incorruptible en semejanza de imagen de hombre corruptible, de aves, de cuadrúpedos y de reptiles.* [24]*Por lo cual también Dios los entregó a la inmundicia, en las concupiscencias de sus corazones, de modo que deshonraron entre sí sus propios cuerpos,* [25]*ya que cambiaron la verdad de Dios por la mentira, honrando y dando culto a las criaturas antes que al Creador, el cual es bendito por los siglos. Amén.* [26]*Por esto Dios los entregó a pasiones vergonzosas; pues aun sus mujeres cambiaron el uso natural por el que es contra naturaleza, ²⁷y de igual modo también los hombres, dejando el uso natural de la mujer, se encendieron en su lascivia unos con otros, cometiendo hechos vergonzosos hombres con hombres, y recibiendo en sí mismos la retribución debida a su extravío. ²⁸Y como ellos no aprobaron tener en cuenta a Dios, Dios los entregó a una mente reprobada, para hacer cosas que no convienen...".* Romanos 1.20-28

- **El espíritu de Grecia es el que da origen al show, al teatro y a las máscaras.** La palabra *actor*, en el griego, es la palabra hipócrita. Pedro mismo se sometió a este espíritu por un momento, al actuar de una forma con los judíos y de otra con los gentiles.

"¹¹Pero cuando Pedro vino a Antioquía, le resistí cara a cara, porque era de condenar. ¹²Pues antes que viniesen algunos de parte de Jacobo, comía con los gentiles; pero después que vinieron, se retraía y se apartaba, porque tenía miedo de los de la circuncisión. ¹³Y en su simulación participaban también los otros judíos, de tal manera que aun Bernabé fue también arrastrado por la hipocresía de ellos. ¹⁴Pero cuando vi que no andaban rectamente conforme a la verdad del evangelio, dije a Pedro delante de todos: Si tú, siendo judío, vives como los gentiles y no como judío, ¿por qué obligas a los gentiles a judaizar?". Gálatas 2.11-14

Pocos son los líderes que hoy día reconocen y confiesan sus errores como lo hizo Pedro. Las máscaras se usaban para imitar a otra persona (doble personalidad). También, en este sentido, el espíritu de Grecia se metió a la iglesia porque somos una "cara" en la iglesia y después nos quitamos la careta en nuestro hogar. Para el espíritu de Grecia, el poder y la posición otorgadas por el hombre son más importantes que la misericordia y la integridad.

Para entender esto claramente, veamos la definición de una persona íntegra.

¿Qué es ser íntegro? Es ser el mismo en público y en privado.

Hoy día, es más importante que todos nos vean como perfectos, y esto no es otra cosa que el espíritu de Grecia que se levanta en contra de la verdad, de la humildad y de la integridad.

- **Las oratorias (hermenéutica y homelética).** Son métodos griegos para aprender a predicar la palabra de Dios. Para un principiante, puede ser beneficioso que los use, pero si nunca se sale de esto, lleva al predicador a encajonar a Dios en la Palabra.

Hermenéutica: viene de la palabra *"hermes"* que es el dios olímpico de la sabiduría, de las artes, de la escritura, ingenioso, elocuente, persuasivo, protector de mentirosos y ladrones; se convirtió en el mensajero de los dioses. La hermenéutica, son razonamientos humanos para interpretar a Dios y cuando los predicadores se dejan llevar por ella para predicar, en la mayoría de las veces, no se pueden salir ni pueden predicar sin leer el bosquejo. Los bosquejos son una buena guía a la hora de predicar, porque nos ayudan a no peder el hilo del tópico, pero no para encajonar la Palabra.

Muchas veces, lo que va buscando la gente es "el menú cristiano". Si lo que se predica los hace sentirse incómodos, entonces se van de la iglesia. Bajo esta corriente de pensamiento, el amor fraternal es cambiado por la elocuencia, y esto lo vemos surgir desde los tiempos de Pablo, donde unos decían: "yo soy de Pablo" y otros, "yo soy de Apolo". Desafortunadamente, el espíritu de Grecia cambió el amor por quien hable más bonito.

"4Porque diciendo el uno: Yo ciertamente soy de Pablo; y el otro: Yo soy de Apolos, ¿no sois carnales? 5¿Qué, pues, es Pablo, y qué es Apolos? Servidores por medio de los cuales habéis creído; y eso según lo que a cada uno concedió el Señor". 1 Corintios 3.4, 5

Hoy día, la iglesia tiende a sectarizarse con todas las ideologías del espíritu de Grecia, y esto es evidente en todo el mundo. Por eso, el poder apostólico es tan importante para volver a buscar la unidad.

- **El espíritu de Grecia trae la pornografía.** Analicemos su origen:

"Porno" es un espíritu Griego de donde viene la palabra *"porneia"*, refiriéndose a todos los abusos sexuales.

Los griegos vivían sacrificando a su dios porno abominaciones sexuales con animales, orgías, prostitución, entre otros.

Ahora, hay muchas personas sirviendo en la iglesia que están atadas al adulterio, a la fornicación, a la masturbación, entre otros. Desafortunadamente, el espíritu de *"porno"* se ha metido en la iglesia.

- **La palabra *"farmakeia"* significa farmacia.** Una de las consecuencias que trae el espíritu de Grecia es la dependencia de fármacos y drogas.

La forma como opera este espíritu es suministrándole una medicina que le cura de una cosa, pero le acarrea efectos colaterales (efectos secundarios); o sea, le curan de una cosa, pero posteriormente, se enferman de otra y así sucesivamente. De esa misma manera, opera el sistema hoy día; y esto no es más que el espíritu de Grecia, que hace que las personas se vuelvan dependientes, adictas a las pastillas o a las drogas, manteniéndolas atadas por mucho tiempo.

¿Cuál es la solución?

La salud divina del Reino; no es solamente sanidad divina sino salud divina. Pero para ello, tenemos que empezar a creer en lo sobrenatural, y la sanidad divina es algo sobrenatural.

Las personas le creen más a las drogas que a Dios mismo. Tienen más fe en las pastillas que en el poder de Dios.

- **La democracia.** En Grecia, se originó la democracia que sustituyó la teocracia.

Hay muchos pastores que fueron expulsados de sus iglesias porque el pueblo votó para que se fueran. Así están los concilios hoy, toman el voto del pueblo y si están de acuerdo, eligen al pastor y a los líderes, de otra manera los despiden. Cuando Dios llama a un hombre, Dios le da la visión, el llamado y los planes a ese hombre y no a un concilio, para que después el liderazgo y el pueblo le sigan.

- **El amor a la fama.** Hacer cosas que deslumbren al ojo humano y no al ojo de Dios para buscar el estrellato, la fama, la posición y el espectáculo. Esto está metido en la iglesia también. No nos gusta servir en posiciones detrás de las escenas, sino donde todo el mundo nos vea.

- **El sistema de entretenimiento.** Buscamos métodos humanos para mantener a las personas en las iglesias, o de lo contrario, "se nos van". La iglesia se ha convertido en un club social más que un lugar de adoración, y más que un lugar donde venimos a buscar su presencia. Los jóvenes no encuentran un lugar donde se les predique la Palabra; los entrenan con deportes o con cualquier otra cosa y no se les enseña la Palabra ni lo sobrenatural.

No hay compromiso, disciplina y tampoco perseverancia. **La iglesia está sin poder por causa del espíritu de Grecia.**

- **La gente se cautiva con lo novedoso.**

"21(Porque todos los atenienses y los extranjeros residentes allí, en ninguna otra cosa se interesaban sino en decir o en oír algo nuevo)". Hechos 17.21

Hay personas que tienen picazón de oír, pero en realidad no cambian, no quieren arrepentirse de sus pecados y siguen con sus vicios y atados a diversas maneras de vivir. Tenemos que recibir la palabra cada vez que es predicada; porque de nada sirve que en todos los servicios se enseñe algo nuevo si no se practica.

- **El narcisismo.** Esto es la idolatría del yo. Narciso se enamoró de sí mismo. Él se veía en el reflejo de un lago y se decía: "qué lindo soy". Hay muchos creyentes hoy día que viven para ellos mismos y no para el Señor, enamorados de sus pecados y de su miseria.

- **Los deleites de este mundo.** Ponen en primer lugar los deleites de este mundo, la vanagloria, el dinero, la posición y el tener cosas materiales, antes que las cosas espirituales.

El éxito visible aquí en la tierra se valora de acuerdo con la prosperidad, la posición, la fama y la influencia que puede alcanzar una persona.

El mensaje del espíritu de Grecia se caracteriza porque denigra el dolor, el sacrificio, el pagar el precio y el sufrir por los demás. Se está predicando un evangelio demasiado cómodo y no se le habla a las personas de pagar un precio, de negarse a sí mismo y de obedecer a toda costa.

¿Cuál es la solución? La Palabra nos enseña en 3 Juan 1.2 lo siguiente:

"2Amado, yo deseo que tú seas prosperado en todas las cosas, y que tengas salud, así como prospera tu alma". 3 Juan 1.2

Está bien que queramos prosperar materialmente, pero tenemos que darle prioridad a nuestra relación con Dios y lo demás vendrá por añadidura. Por ejemplo, el pecado es delicioso por un tiempo, pero después destruye al ser humano.

¿Cómo ser libre del espíritu de Grecia?

> **Renunciando a toda fortaleza de ese espíritu en nuestra mente.** Hay un sinnúmero de creyentes, líderes y ministros atados con este espíritu. Sus vidas están secas y no pueden andar en lo sobrenatural; por eso es, que deben tomar una decisión de renovación, y renunciar a toda fortaleza.

> **Haciendo guerra en contra de este espíritu con el poder de Dios.** Una de las maneras de hacer guerra contra este espíritu, es demostrando lo sobrenatural; y la unción apostólica juega un papel muy importante, ya que una de las manifestaciones de la misma, es la demostración de lo sobrenatural. Por ejemplo: milagros, sanidades, prodigios, profecía y otros.

"12Volveos a la fortaleza, oh prisioneros de esperanza; hoy también os anuncio que os restauraré el doble. 13Porque he entesado para mí a Judá como arco, e hice a Efraín su flecha, y despertaré a tus hijos, oh Sion, contra tus hijos, oh Grecia, y te pondré como espada de valiente". Zacarías 9.12, 13

Todo lo que hemos visto en este capítulo, es lo que el enemigo ha logrado a través del espíritu de Grecia. A continuación, veremos qué es aquello que él tanto ha querido erradicar, que es el conocimiento del mundo sobrenatural –las verdades espirituales que no son de este mundo, pero que lo afectan–. Dios viene en contra del espíritu de Grecia a través de la unción apostólica.

La unción apostólica. Una de las manifestaciones de la unción apostólica, es la demostración de lo sobrenatural.

¿Cuáles son las características de la unción apostólica?

- Es una unción que trae liberación y sanidad interior.
- La acompañan señales, sanidades y milagros.
- Es una unción que abre nuevos territorios.
- Es una unción que trae nuevas revelaciones.
- Es una unción poderosa para alcanzar las almas.
- Es una unción que sana al quebrantado de corazón.
- Es una unción que levanta líderes.
- Es una unción profética.

Dondequiera que va un apóstol genuino, tienen que ocurrir milagros, sanidades, maravillas y prodigios.

Debemos pelear contra el espíritu de Grecia, demostrando lo sobrenatural de Dios.

"¹Así que, hermanos, cuando fui a vosotros para anunciaros el testimonio de Dios, no fui con excelencia de palabras o de sabiduría. ²Pues me propuse no saber entre vosotros cosa alguna sino a Jesucristo, y a éste crucificado. ³Y estuve entre vosotros con debilidad, y mucho temor y temblor; ⁴y ni mi palabra ni mi predicación fue con palabras persuasivas de humana sabiduría, sino con demostración del Espíritu y de poder, ⁵para que vuestra fe no esté fundada en la sabiduría de los hombres, sino en el poder de Dios".
1 Corintios 2.1-5

La demostración de echar fuera demonios y fluir en los dones del Espíritu Santo son el antídoto para el espíritu de Grecia, que niega lo sobrenatural. Sabemos que tenemos un Dios maravilloso y poderoso que sigue haciendo maravillas.

CAPÍTULO V

La transformación del creyente

"No os conforméis a este siglo, sino transformaos por medio de la renovación de vuestro entendimiento, para que comprobéis cuál sea la buena voluntad de Dios, agradable y perfecta". Romanos 12.2

Transformar es el vocablo griego *"metamorpho"*, que significa cambiar a otra forma. Esta palabra nos da a entender que es un estado permanente de cambio.

Lo que podemos concluir acerca de la palabra *"metamorpho"*, es que no puede haber cambios permanentes en un creyente si primero no es renovado en su manera de pensar. Dios ha estado restaurando todas las cosas a su estado original; y por eso, Dios tiene que llevar al creyente a pasar por una renovación de la mente. De nada nos sirve que Dios restaure todas las cosas si nosotros mismos no entendemos esos cambios, debido a nuestra vieja manera de pensar. Una vez que Dios nos lleve por el proceso de renovar nuestra mente, entonces somos transformados tanto en nuestra mente como en nuestro corazón.

Dios lleva a cabo la transformación del creyente a través de dos formas. Éstas son:

1. La renovación de la mente.

Anteriormente, estudiamos con lujo de detalles cómo esto toma lugar en el creyente y la gran importancia que tiene la renovación de su mente.

2. Dios transforma al creyente por medio del discipulado intensivo.

Jesús nos habló de discipular a los creyentes y a las naciones, porque Él sabía que es un medio muy poderoso, mediante el cual se transforma una sociedad. El creyente no puede ser un agente de transformación en la sociedad si no ha renovado su mente y si no ha sido discipulado por un mentor. La generación del vino nuevo será de creyentes que han pasado por el proceso de renovación y que han sido discipulados de una manera intensiva.

Hoy día, no tenemos problemas con ganar almas para Cristo. Nuestro problema ha sido consolidar esas almas y discipularlas para que, luego, puedan ser enviadas. Jesús nos mandó, nos comisionó a discipular a otros como parte de la gran comisión.

¿Cómo discipular a otros?

Hay un dicho que se refiere al éxito de esta manera: "Éxito sin sucesor es un fracaso". Por muchos años, la iglesia de Jesús ha venido careciendo de mentores que puedan discipular a otros. Es un mandato del Señor hacer discípulos en todas las naciones; pero, desafortunadamente, no se ha estado haciendo. Hay muchos factores por los cuales la gran comisión de ir y discipular a otros no se ha estado llevando a cabo de una manera eficaz.

"¹⁹Por tanto, id, y haced discípulos a todas las naciones, bautizándolos en el nombre del Padre, y del Hijo, y del Espíritu Santo...". Mateo 28.19

¿Cuáles son las razones encontradas del por qué un líder no se ha reproducido en otros?

- **Ignorancia.** No saben cómo discipular ni se han interesado en buscar e indagar el cómo hacerlo. Tampoco, han tenido un modelo al cual puedan imitar y así mismo hacerlo con otros.

- **Inseguridad.** Existen muchos líderes que no conocen su identidad, y eso los lleva a sentirse inseguros de los dones, los talentos y la unción de otros. La inseguridad es un resultado de dos cosas:

- **Inmadurez.** Que carece de un nivel espiritual. A causa de esto, la persona piensa que los dones y los talentos de otros son una amenaza en contra de sí misma.

- **Falta de identidad.** Es no conocer quién es uno en Dios. También, es no conocer claramente su llamado y su posición cuando alguien, que está bajo su cargo, se levanta con mayor unción y carisma. Debido a esta inseguridad, la persona se siente ofendida y amenazada, por lo tanto, no discipula a otros, le da miedo perder su posición o su trabajo. En cambio, cuando una persona está segura de su identidad, es efectiva para reproducirse en otros.

"12Porque debiendo ser ya maestros, después de tanto tiempo, tenéis necesidad de que se os vuelva a enseñar cuáles son los primeros rudimentos de las palabras de Dios; y habéis llegado a ser tales que tenéis necesidad de leche, y no de alimento sólido. 13Y todo aquel que participa de la leche es inexperto en la palabra de justicia, porque es niño; 14pero el alimento sólido es para los que han alcanzado madurez, para los que por el uso tienen los sentidos ejercitados en el discernimiento del bien y del mal". Hebreos 5.12-14

- **Temor a delegar.** Creemos que esto es una cadena. La raíz de la inseguridad es causada por el temor o el miedo y esto no permite que las personas se reproduzcan efectivamente. El temor a delegar ha sido uno de los factores por los cuales los líderes no han querido dar a otros de lo que tienen. Cuando delegamos, estamos dando la autoridad para que otros hagan lo mismo que nosotros. Algunas veces, no delegamos porque creemos que no van a hacer el trabajo; otras veces, pensamos que abusarán de esa autoridad o que nos van a sobrepasar en autoridad y finalmente, que tomarán nuestro lugar.

- **La falta de un modelo.** Como líderes, nos reproducimos según nuestro género, pero si no tuvimos un mentor o un padre que nos tomará de la mano y que nos ayudará a desarrollarnos, entonces no tenemos una idea de cómo reproducirnos en otros.

- **La falta de un corazón de padre.** Una característica esencial de un mentor, es que tenga un corazón de padre. Un padre no quiere brillar tanto él, sino que desea que sus hijos se levanten y se multipliquen. Uno de los grandes problemas en el cuerpo de Cristo hoy, es la falta de verdaderos padres en el Señor, y como resultado de esto, es la falta de discípulos.

¿Cuál es el método bíblico para poder discipular a otros?

Han habido dos escuelas de enseñanza para hacer discípulos, una de ellas es la escuela griega y la otra es la escuela hebrea. Estas dos escuelas tienen los siguientes métodos:

Escuela Griega	Escuela Hebrea
• El modelo del estudiante es la clase.	• El modelo del estudiante es el mentor.
• Método académico, en el cual no se tiene ninguna relación con el mentor.	• Método relacional, en el cual existen relaciones de pacto.
• Es un método pasivo, o sea, sin práctica.	• Es un método experimental y práctico.
• Es un método teórico.	• Método de adiestramiento y capacitación.

Desafortunadamente, la escuela griega todavía tiene una gran influencia en nuestras universidades, nuestros colegios y nuestras iglesias. La influencia fue tan grande que vino acompañada del humanismo y del intelectualismo, perdiéndose así lo sobrenatural y las relaciones de pacto entre los discípulos y los mentores.

¿Cuál fue el método que Jesús empleó? Jesús empleó el método hebreo, y sobretodo vimos que Él fue el modelo de sus discípulos. Veamos un ejemplo de la vida de Jesús:

"13Después subió al monte, y llamó a sí a los que él quiso; y vinieron a él. 14Y estableció a doce, para que estuviesen con él, y para enviarlos a predicar...". Marcos 3.13, 14

En este verso, vemos cómo Jesús tenía una relación directa e íntima con sus discípulos: *"...para que estuvieran con Él..."*. Él los trajo a su lado para enseñarles y para que ellos mismos experimentaran sus enseñanzas; los adiestraba y después los enviaba: *"...para enviarlos a predicar..."*. Esto no sólo fue un conocimiento mental, sino que fue algo práctico.

La única manera de discipular a las personas que están a nuestro alrededor y a la vez, causar un impacto en sus vidas, es a través de tener relaciones de pacto con ellas.

Los líderes pueden discipular de dos formas:

- **Un discipulado de vista y de palabras.** Éste es el tipo de discipulado donde las personas ven el modelo del mentor y lo siguen, oyen lo que dice y lo aplican. De esta manera, el mentor causa un nivel de influencia en ellos, pero no tienen ninguna relación cercana con él.

- **Un discipulado a través de las relaciones.** Éste es el discipulado donde se traen personas bajo las alas de un mentor. En este discipulado, el mentor les da todo lo que tiene y ellos abren su corazón, desarrollándose una relación cercana entre el mentor y el discípulo, como lo fue el caso de Jesús y Juan:

> *"25El entonces, recostado cerca del pecho de Jesús, le dijo: Señor, ¿quién es?"*. *Juan 13.25*

El estar en el pecho del Señor indica una relación muy cerca entre el mentor y el discípulo; por esa razón, Jesús pudo impactarlos grandemente.

Podemos concluir que el método bíblico y el más eficaz para discipular a otros y causar un gran impacto en ellos, es por medio de ir desarrollando las relaciones de pacto. Anteriormente, mencionamos que hay gran escasez de padres en el cuerpo de Cristo, y por esto, debemos tener en cuenta que un padre es un mentor que desea discipular a otros.

¿Qué es un mentor?

Es uno que tiene la habilidad de identificar y desarrollar el potencial de otros, por medio de invertirse en ellos con sus dones, habilidades y talentos; y a la vez, llevar al discípulo a su destino. Los mentores son individuos que han caminado por mucho tiempo y han experimentado una relación íntima con Dios. La palabra mentor en el griego significa "consejero, hombre sabio". Una característica de un verdadero mentor es el don de sabiduría en su vida, y esto hace que los mentores sean del tipo de personas que otros quieran seguir.

Otra definición bíblica de un mentor es: uno que tiene la sabiduría para identificar líderes, descubrir en ellos su potencial y, además, desarrollarlo. Su anhelo es reproducirse en ellos y lo hace con el fin de enviarlos para que hagan lo mismo con otros.

¿Qué es un discípulo?

Es la palabra griega *"mathetes"* que significa un aprendiz, pupilo, discípulo, uno que sigue detrás, uno que imita, un seguidor. Un hombre es llamado *"mathetes"* cuando se ata él mismo a alguien más para adquirir conocimiento teórico y práctico. La palabra discípulo significa uno que se sostiene bajo la instrucción, enseñanza y adiestramiento de un mentor, con el fin de desarrollar su potencial.

La forma más efectiva para formar, adiestrar y moldear un discípulo es a través de una relación cercana, y la clave para mantener la relación entre mentor y discípulo, es el compromiso.

¿Cuál es el compromiso del mentor para con el discípulo?

- **El mentor está comprometido con la persona.** Cada mentor debe entender que su primer compromiso, cuando toma a una persona para ser discipulada, es con la persona como tal. ¿Cómo el mentor muestra su compromiso con el discípulo? Al cuidarlo, al afirmarlo y al demostrarle su amor a él o a ella y a su familia.

- **El mentor debe estar comprometido con el proceso y el desarrollo.** En el camino, mientras el discípulo está siendo desarrollado, tendrá caídas, cometerá errores, no cumplirá con lo prometido; y es ahí que el mentor interviene para darle dirección y una nueva oportunidad.

En el Señor no hay fracasos, sino lecciones de aprendizaje.

Algunas veces, el proceso de desarrollo de un discípulo es duro y doloroso, tanto para el mentor como para el discípulo, pero si están comprometidos el uno con el otro sobrevivirán el proceso. La mentalidad del mentor es: no importa cuántas veces fracase, este individuo tiene un potencial y hay que desarrollarlo.

- **El mentor debe estar comprometido con el llamado o potencial.** El mentor debe ayudar a identificar el llamado en su discípulo y desarrollarlo, proveyéndole de lugares y circunstancias donde se pueda desarrollar, y finalmente, llevarlo al destino que Dios le ha dado.

¿Cuál es el compromiso del discípulo con el mentor?

- **Fidelidad con el mentor.** La palabra **fiel** se define como uno que hace su trabajo de continuo sin desmayar, uno en quien se puede depender, uno que está comprometido con el trabajo y las tareas dadas por el mentor.

- **Lealtad al mentor.** La palabra leal se define como uno que está comprometido con su mentor y que no deserta en el momento de crisis. También, es uno que es confiable, uno que siempre está disponible para trabajar. La fidelidad tiene que ver con ser constante en el trabajo que se le asignó; y la lealtad es serle fiel a la persona que le dio el trabajo (su mentor, su jefe, entre otros).

- **El discípulo debe estar comprometido al proceso y desarrollo de su potencial.** El discípulo debe estar sometido totalmente al mentor; debe hacer sus asignaciones y obedecer en lo que el mentor le pida. El proceso del discípulo incluye muchas cosas.

¿Cuál es el proceso de una persona en un discipulado?

- **Negarse a sí misma.** Esta expresión significa que un discípulo tiene que dejar cosas, negarse a sus deseos y a sus aspiraciones, por hacer la voluntad de Dios.

  "34Y llamando a la gente y a sus discípulos, les dijo: Si alguno quiere venir en pos de mí, niéguese a sí mismo, y tome su cruz, y sígame. 35Porque todo el que quiera salvar su vida, la perderá; y todo el que pierda su vida por causa de mí y del evangelio, la salvará. 36Porque ¿qué aprovechará al hombre si ganare todo el mundo, y perdiere su alma?". Marcos 8.34-36

- **Dejar su vieja manera de pensar.** Toda persona que entre al discipulado del Reino de Dios, debe cambiar su manera de pensar para adquirir la mentalidad que hubo en Cristo.

  "5Haya, pues, en vosotros este sentir que hubo también en Cristo Jesús..." Filipenses 2.5

- **Toma su cruz cada día.** Esta expresión de tomar la cruz significa estar listo para morir; y esto sólo es posible a través de negarnos a nosotros mismos, lo cual consiste en ser libres de uno mismo y otras formas de seguridad personal. El negarse a sí mismo es posible cuando un hombre se da él mismo a Dios en un discipulado incondicionalmente.

"34Y llamando a la gente y a sus discípulos, les dijo: Si alguno quiere venir en pos de mí, niéguese a sí mismo, y tome su cruz, y sígame". Marcos 8.34

Cuando resumimos el trabajo de un mentor y la función de un discípulo, podemos concluir que cada uno debe estar comprometido el uno con el otro, o sea, el mentor con el discípulo, como persona, al proceso y al llamado. Al mismo tiempo, el discípulo debe comprometerse en fidelidad y lealtad hacia su mentor, además de estar comprometido al desarrollo y al proceso con el mentor.

¿Cuáles son las cualidades de un buen mentor?

1. **Toma la iniciativa para dialogar.** Le da la dirección a la relación con sus discípulos, toma responsabilidad por la salud de la relación e inicia el diálogo con humildad. El mentor inicia haciendo preguntas al discípulo acerca de lo que siente de su llamado, de su hogar, familia, entre otros. El mentor es el iniciador de una relación íntima.

2. **Modela la integridad.** El mentor no tiene miedo que le conozcan su vida privada; es transparente, no se avergüenza de su vida cuando

nadie lo está viendo. El mentor modela la vida de Cristo con sus palabras y con sus hechos.

3. **Un buen mentor conoce su propia identidad.** Una de las razones por las cuales muchos mentores son inseguros, es porque no saben quiénes son en Cristo Jesús y tienen miedo que le quiten la posición; algunos se sienten amenazados por la unción y el talento de otros. Un buen mentor conoce su identidad en Cristo, quién lo llamó y su llamado. También, es lo suficientemente maduro para entender que cada vez que se reproduce en otros, la unción aumentará en su vida.

4. **Un buen mentor tiene una relación íntima con Dios.** El mentor imparte a las personas lo que sabe del Señor. Si tiene una relación íntima con Él, impartirá a los discípulos vida, paz y gozo. La relación con Dios debe ser modelada en todo tiempo como un buen mentor efectivo.

5. **Un buen mentor debe tener sabiduría.**

   "13El temor de Jehová es aborrecer el mal; la soberbia y la arrogancia, el mal camino, y la boca perversa, aborrezco". Proverbios 8.13

   ¿Qué es sabiduría? Es la virtud del carácter de Dios, que consiste en conocer la naturaleza de las cosas creadas, ya sean visibles o invisibles, y tratar con ellas correctamente en el tiempo oportuno. El sobresaliente virtual de un mentor que ha alcanzado madurez, es la sabiduría, para conocer el origen de las cosas, el porqué de las cosas y cómo tratar con ellas.

Como buen mentor, debe pedir sabiduría para tratar con las personas, con sus motivaciones e intenciones, para usar el dinero correctamente, para tomar decisiones en beneficio del pueblo y para agradar a Dios.

6. **Un buen mentor afirma a las personas.** Hoy día, se observa mucho el negativismo en las personas, pero un buen mentor afirma continuamente con palabras y con toque físico a sus discípulos. Esto es algo que muchos lo anhelan y desean.

¿Cuáles son las áreas en las que un mentor debe afirmar en sus discípulos?

• *Afírmelo en el área de la identidad personal.* Esto tiene que ver con lo que son en Cristo, por ejemplo: "todo lo puedes en Cristo", "eres hijo o hija de Dios", "estás sentado en lugares celestiales", "nada es imposible para ti", "eres apreciado y amado por Dios" y así sucesivamente. Siempre debe haber una palabra de afirmación hacía sus discípulos.

* *Afírmelo en el área de trabajo.* Cuando uno de sus discípulos hace bien la labor encomendada, afírmelo verbalmente, en público y en privado. Use expresiones, tales como: "buen trabajo, estoy orgulloso de ti", "lo hiciste excelente", "eres un buen discípulo", entre otras.

* *Afírmelo en el llamado en Cristo.* Algunos de los discípulos necesitan oír de su mentor, que les digan y afirmen cuál es su llamado en Cristo, para que ellos tengan confianza en lo que hacen.

7. **Un buen mentor debe estar creciendo espiritualmente en todo momento.** Ningún mentor puede llevar a los discípulos a otro nivel de crecimiento, si él primero no ha ido a otro nivel. Es importante que el mentor esté leyendo libros continuamente, asistiendo a conferencias, aprendiendo de otros hombres, y asociándose con personas que tengan mayor unción y sabiduría para obtener crecimiento espiritual y personal. No sigan a un mentor que pare de crecer en Dios.

¿Cómo discipular a otros? Para aprender a discipular a otros, vamos a tomar como referencia el método que usó Jesús con sus doce discípulos, Él es el perfecto mentor.

1. Jesús les enseñaba (traía revelación)

Jesús primero enseñaba. Nadie puede hacer ningún trabajo si antes no se le instruye, se le enseña o se le imparte teoría. Juntamente con la enseñanza va la práctica, va del modelo al ejemplo. Jesús traía nuevas revelaciones bíblicas que desafiaban al liderazgo.

"1Viendo la multitud, subió al monte; y sentándose, vinieron a él sus discípulos. 2Y abriendo su boca les enseñaba, diciendo...". Mateo 5.1, 2

Cada vez que Jesús enviaba a sus discípulos a hacer algo, primero les daba instrucciones. Siendo el Señor, Él primero hacía lo que les pedía que hicieran. No pidamos a nuestros discípulos que hagan algo que no les hemos enseñado ni que han visto que hemos hecho.

2. Jesús les demostraba lo que enseñaba (traía una demostración).

Les traía una demostración variable de lo que Él enseñaba.

"26Y los discípulos, viéndole andar sobre el mar, se turbaron, diciendo: ¡Un fantasma! Y dieron voces de

miedo. ²⁷Pero en seguida Jesús les habló, diciendo: ¡Tened ánimo; yo soy, no temáis!". Mateo 14. 26, 27

Jesús camina sobre las aguas. Antes les enseñaba a vivir por fe y creer en Dios, ahora se los demostró. Es muy importante enseñar primero a nuestros discípulos y después demostrarles lo que enseñamos en cualquier área, ya sea en el carácter, dones, milagros, liderazgo, entre otros. Cada vez que un mentor enseñe algo a sus discípulos, debe demostrárselos inmediatamente. La mayoría de los discípulos, aprenden más cuando tienen una experiencia visible de algo.

3. **Jesús impartía (Jesús hacía una impartación de lo que Él tenía).**

Jesús, por medio de la imposición de manos o por medio de la palabra hablada, les impartía de lo que Él tenía; les impartía o les daba de la unción y del poder que fluía en Él.

"¹Reuniendo a sus doce discípulos, les dio poder y autoridad sobre todos los demonios y para sanar enfermedades. ²Y los envió a predicar el reino de Dios y a sanar a los enfermos". Lucas 9.1, 2

Éste es el momento donde el mentor debe impartir lo que tiene a su discípulo, y esta impartición debe ser hecha a través de la imposición de manos.

4. Jesús activaba a sus discípulos (hacia una activación):

"12Y, saliendo, predicaban que los hombres se arrepintieran. 13Y echaban fuera muchos demonios, ungían con aceite a muchos enfermos y los sanaban".
Marcos 6.12, 13

¿Qué es una activación?

Es retar a los discípulos a vivir o caminar en una verdad que se les ha enseñado, y que ellos pueden recibir la gracia para actuar y vivir en ella. La activación tiene que ver con despertar los dones y los talentos que están en los discípulos. Los mentores pueden activar esos dones en ellos. Cada vez que un mentor enseña, demuestra e imparte una verdad, debe hacer una activación a cada uno de sus discípulos, para que ellos reciban la gracia de Dios y para que puedan practicar lo que han recibido.

5. Jesús los envió para multiplicarse (movilización).

"7Después llamó a los doce, y comenzó a enviarlos de dos en dos; y les dio autoridad sobre los espíritus inmundos". Marcos 6.7

Ésta es la parte más importante de todo el proceso, donde el discípulo se le da la autoridad y el poder para reproducirse en otros, y así hacer lo mismo que hicieron con él. Si resumimos estos cinco pasos de cómo Jesús discipuló a sus doce discípulos, diríamos lo siguiente: Jesús traía **revelación** o enseñaba nuevas verdades bíblicas, les traía una **demostración** visible de lo que Él enseñaba, traía una impartición de lo que Él tenía por medio de la imposición de manos, los **activaba,** oraba para que Dios le diera la gracia y para tener la habilidad de hacer lo mismo que Él hacia, y por último, los enviaba para que se multiplicaran, y los **movilizaba** para que hicieran lo mismo que Él hizo.

Pasos para identificar discípulos potenciales

"²Lo que has oído de mí ante muchos testigos, esto encarga a hombres fieles que sean idóneos para enseñar también a otros". 2 Timoteo 2.2

Lo primero que hay que hacer para escoger discípulos potenciales, en los cuales se va invertir la vida, es conocer los pasos esenciales de cómo identificarlos y escogerlos.

¿Qué fue lo primero que hizo Jesús para escoger a sus apóstoles?

Lo primero que hizo Jesús fue orar: *"¹²En aquellos días él fue al monte a orar, y pasó la noche orando a Dios. ¹³Y*

cuando era de día, llamó a sus discípulos, y escogió a doce de ellos, a los cuales también llamó apóstoles...".
Lucas 6.12, 13

Cada mentor debe recordar que si no ora al Señor, escogerá las personas incorrectas, y como resultado, tendrá discípulos que no tienen la habilidad de multiplicarse en otros, y si esto ocurre, al fin de cuentas, el mentor se dará cuenta que perdió el tiempo.

Recuerde que siempre el mentor va a buscar al discípulo y no el discípulo al mentor, como fue el caso de Jesús, Él fue a buscar sus discípulos.

¿Cuáles son las características que debe tener un discípulo potencial para ser escogido y discipulado?

- **Fiel.** Alguien que hace su trabajo de continuo, con quien se puede contar, de quien se puede depender, y que no deja el trabajo que se le ha asignado.

- **Estar disponible.** Algunos son buenos, fieles, pero no están disponibles tanto en el tiempo como en lo demás.

- **El discípulo debe tener un espíritu enseñable.** Le será difícil a un mentor discipular a alguien que razona en cada momento y que, además, discute lo que se le enseña. Un discípulo tiene que estar dispuesto a cambiar su vieja manera de pensar y debe tener un espíritu enseñable.

- **El discípulo debe tener hambre por crecer.** Este punto es importante, ya que si el discípulo no tiene hambre de crecer, no recibe las enseñanzas con gozo, y por tanto, no puede ir a otro nivel.

- **Dones potenciales.** El discípulo debe tener dones potenciales que se vean claramente y que se puedan desarrollar en el liderazgo.

¿Cómo empezamos a discipular?

Mientras que usted toma la iniciativa y ora al Señor para que le dé las personas correctas, hay unos pasos que debe seguir. Éstos son:

1. **Orar por la visión.** El discipular personas no es reunirse para socializar y desarrollar amistades; esto es parte del discipulado, pero no es el objetivo. Las reuniones deben ser para adiestrar, equipar y, finalmente, enviar al discípulo. Luego, estos discípulos deben multiplicarse en otros, y para esto, deben tener visión y convicción desde el principio.

2. **Seleccione** la persona o el grupo de personas para que sean sus discípulos. Tome el tiempo que sea necesario para poder relacionarlos; de esta

manera, está haciendo una inversión sabia que le traerá muchos dividendos al Reino.

3. **Difunda la visión de multiplicación.** Debe especificar que la razón por la cual usted los está discipulando es porque quiere que ellos hagan lo mismo: multiplicarse en otros. Explíqueles todo el contexto de la formación, en lo que ellos serán discipulados, y esto es como persona y a nivel ministerial.

4. **Pida compromiso.** El ser discipulado es una bendición, por lo tanto, el discípulo debe estar comprometido con el proceso y el mentor.

5. **Reúnase dos veces al mes, de tres a cuatro horas por reunión.** En este tiempo, puede llevar lecciones para que ellos escriban y participen de las reuniones. Recuerde que es un discipulado intensivo y conversacional, donde el maestro habla y los alumnos preguntan. En la enseñanza, debe haber una intercomunicación mutua.

6. **Obedezca y aplique las lecciones.** Enséñeles cómo obedecer y aplicar la palabra de Dios a su vida diaria.

7. **Ponga metas y tiempo de discipulado.** Evalúe a los discípulos, póngales metas y hágales saber qué tiempo de duración tendrá el discipulado. Por ejemplo, nuestro discipulado personal es de dos años a tres.

8. **Envíelos.** La meta final de discipular a otros, no es mantenerlos con nosotros, sino enviarlos para que se multipliquen en otros.

"14Y estableció a doce, para que estuviesen con él, y para enviarlos a predicar...". Marcos 3.14

¿Qué cosas debemos enseñarles a los discípulos?

- **Fundamentos cristianos.** Una de las razones por las cuales las personas no continúan en el discipulado, es por la clase de fundación que tienen. Tenemos que darle un buen fundamento, antes de poner más ladrillos en el edificio.

  ¿Qué incluyen los fundamentos bíblicos?

  Los fundamentos bíblicos incluyen: la fe, el bautismo, el arrepentimiento de obras muertas, la segunda venida de Cristo, el juicio eterno, la oración, la santa cena, el ayuno, la sangre de Jesús, la justificación, la salvación, entre otros. Si a cada discípulo se le enseña un buen fundamento, cuando crezca como un edificio, será sólido; no podrá derrumbarse o quebrantarse.

- **Enseñar sobre el carisma.** Ésta es la etapa del discipulado, donde se le enseña cómo descubrir sus dones; y se le provee un lugar para que los desarrolle, ayudándole a llegar a su destino.

¿Qué incluye esto? Incluye los dones espirituales, cómo encontrar el llamado de Dios en su vida, el estudio completo de cada don, la preparación y la separación al llamado, los dones ministeriales, los dones del Espíritu Santo, los dones motivacionales, la ética ministerial, la unción y cómo fluir en ella, cómo fluir en lo sobrenatural, la liberación y sanidad interior.

- **Enseñar sobre el carácter.** Este paso es uno de los más importantes de un discípulo. De nada sirve que tenga un carisma excelente, si tiene un mal carácter, porque su ministerio se va a derrumbar en cualquier momento.

¿Qué temas incluye el discipular en el carácter?

La integridad, la honestidad, las motivaciones, los valores, las bienaventuranzas, la fidelidad, la sumisión, la santidad, la madurez espiritual, los frutos del espíritu, el temor de Dios, la obediencia y el respeto.

- **Liderazgo**

En esta área de liderazgo, se le enseña algunos temas, tales como: ¿Qué es un líder?, ¿Cómo discipular a otros?, ¿Cómo llegar a ser un líder? El perfil de un líder, las características de un líder, la visión de la iglesia y otros.

- **Vida devocional**

  La oración, ¿cómo desarrollar una vida constante y poderosa de oración?, ¿cómo estudiar la Palabra, la intercesión y la guerra espiritual?

- **La familia**

  El matrimonio, la crianza de los hijos, los roles y las funciones en el hogar, la comunicación, el sexo en el matrimonio, los asesinos de la familia, ¿cómo estar soltero, pero satisfecho?

- **Evangelismo**

  ¿Cómo evangelizar de una forma sobrenatural?, los dones bíblicos para discipular a otros en el área de evangelismo.

- **Relaciones de pacto**

  ¿Qué es un pacto?, ¿cómo hacer un pacto con Dios, con usted mismo, su familia, la iglesia y el pastor?

El mentor tiene que asegurarse que el discípulo sea formado en todas las áreas de su vida para que llegue a ser un hombre o mujer listo para toda buena obra.

"15Procura con diligencia presentarte a Dios aprobado, como obrero que no tiene de qué avergonzarse, que usa bien la palabra de verdad". 2 Timoteo 2.15

También, es importante tener un discipulado pequeño para que la impartición sea mayor. Mi sugerencia es que el discipulado sea mínimo de 12 personas y máximo de 30 personas. Esto ayudará a tener una relación más íntima con ellos.

CAPÍTULO VI

La reforma apostólica

Al viajar por diferentes países, me he encontrado con que Dios está llevando a cabo reformas en su iglesia. Se oyen vientos de cambio, donde las iglesias crecen en cantidad y en calidad porque el pastor local ha hecho reformas dentro de esa iglesia. Dios está trayendo una nueva reforma, y esa reforma es llamada la reforma apostólica.

"19He aquí que yo hago cosa nueva; pronto saldrá a luz; ¿no la conoceréis? Otra vez abriré camino en el desierto, y ríos en la soledad". Isaías 43.19

"2Y cuando éste fue llamado, Tértulo comenzó a acusarle, diciendo: Como debido a ti gozamos de gran paz, y muchas cosas son bien gobernadas en el pueblo por tu prudencia...". Hechos 24.2

Lo que Dios está haciendo en toda la tierra, no está limitado al término avivamiento. Dios está llevando a cabo una reforma completa en su iglesia. En los siglos pasados, Dios hizo reformas en su iglesia, y hoy día, continúa trayendo cambios a su pueblo, y lo está haciendo por medio de la reforma apostólica.

¿Qué es una reforma?

La palabra **reforma** viene del vocablo griego *"diorthoma"*, que significa conexión, rectificación, enmienda, renovación, recuperación, salvación, liberación; es enderezar aquello que está torcido, es hacer un rediseño total de la forma en que opera la iglesia, entre otros.

¿Qué es una reforma apostólica?

La reforma apostólica es cuando Dios corrige, rectifica, renueva todo aquello que se ha desviado de su plan original, tales como: formas de pensar y creencias. Para ejecutar estos cambios, Dios envía o comisiona a los apóstoles de la Iglesia.

La reforma apostólica trae corrección, rectificación, enmienda y renovación a la iglesia de aquello que se había salido del plan original de Dios, y para ello, Dios envía a los apóstoles. Ellos ejecutan esos cambios, por medio de los cinco ministerios (apóstoles, profetas, pastores, evangelistas y maestros). El ministerio que encabeza el orden de estas cinco oficinas ministeriales, es el apóstol, quien ha sido llamado para traer esos cambios revolucionarios. Cada vez que Dios quiere traer reformas y cambios radicales a su iglesia, Él levanta apóstoles, los cuales son enviados por Dios para ejecutar estos cambios en su iglesia.

¿Cuándo y para qué se necesita una reforma apostólica?

- Para **cambiar** la antigua manera de pensar o la vieja mentalidad. Hay muchas viejas mentalidades en la iglesia que no le permiten al creyente entrar o conocer otros niveles más profundos de la voluntad de Dios.

- Para **corregir** cosas que no están de acuerdo a la voluntad de Dios. No solamente existen viejas maneras de pensar, sino mentalidades que se han salido de la voluntad de Dios y se han convertido en tradiciones de hombre.

- Para **cambiar** los métodos obsoletos usados por la iglesia de Cristo, que no se pueden aplicar para ganar nuestra generación. El mensaje del evangelio nunca ha cambiado, lo que sí ha cambiado son los métodos de cómo llevar el mensaje; por eso, hay que reformarlos, ya que están obsoletos.

- Para **remover y romper** las tradiciones de los hombres. La iglesia está sobresaturada de tradiciones de hombres que lo único que producen son ataduras en los creyentes.

- La reforma apostólica causará que cada creyente se **desarrolle en su don o llamado** y manifieste, la gracia, los dones y el poder supernatural de Dios.

- Dios trae una reforma apostólica para **cambiar la metodología** de trabajo de la iglesia. El nuevo mover de Dios requiere nuevos métodos de hacer los servicios en la iglesia, de evangelizar, de orar y así sucesivamente.

- La reforma apostólica toma lugar para traer cambios en el **sistema de gobierno** de la iglesia. Cuando las iglesias no tienen un gobierno bien estructurado, no pueden ejercitar su total autoridad contra el enemigo.

La iglesia de Cristo está fuera de orden. Hay muchas cosas que se han salido del plan original de Dios, y el Señor está levantando alrededor de todo el mundo, apóstoles, con un espíritu reformador para ejecutar estos cambios en las mentes y en los corazones de su pueblo. El avivamiento es importante, pero para que eso ocurra y permanezca, tenemos que hacer reformas radicales y revolucionarias en la mente y en el corazón del pueblo, para poder influir de forma positiva a una sociedad corrupta y mala.

Debemos apoyar y levantar hombres y mujeres de nuestras iglesias para que sean candidatos a comisionados, congresistas, senadores, alcaldes, gobernadores, presidentes de la nación y, de esta manera, poder llevar esa reforma a las mentes de nuestro pueblo. Hemos estado encerrados entre cuatro paredes, haciendo mucho ruido, pero no hemos traído cambios ni hemos influenciado a la sociedad.

Hay muchas iglesias muertas porque que no tienen la vida de Dios. Son iglesias donde nadie se salva y los poquitos que logran salvarse no permanecen. También, vemos iglesias donde nadie se sana, no hay visión para ganar almas, los discipulados para los creyentes no existen, y los que están son discipulados con una vieja mentalidad. Los jóvenes encuentran la iglesia aburrida porque no se les da una alternativa, la alabanza y la adoración es pobre y mediocre, están cantando las mismas canciones desde hace 20 años, no hay lugar para que el Espíritu Santo pueda fluir. Cuando Él trata de moverse, se corta para dar lugar a otras cosas, porque tenemos miedo de perder el control de la iglesia y del servicio.

Hay muchos ministerios e iglesias donde nunca se hace el llamado para que los perdidos reciban a Jesús. Las tradiciones de los hombres están destruyendo al pueblo de Dios. Se le prohibe a la mujer arreglarse y ponerse bonita para su esposo, no se le reconoce para predicar y enseñar en la iglesia. Hay muchos pastores que son "el hombre orquesta"; es decir, que hacen todo en la iglesia. Y esto surge por causa de la inseguridad que existe en ellos de delegar a sus discípulos, creyendo que van a perder su posición. Y como resultado, cuando se levanta un líder con un gran potencial, lo aplastan, lo expulsan y le ponen un tope para que no se levante.

Hay muchos creyentes sentados en las bancas con un gran potencial, con dones dados por Dios, esperando que alguien los identifique, les enseñe, los adiestre y les ayude a desarrollar su llamado en Cristo; pero desafortunadamente, no hay pastores ni ministros con un corazón de padre, que se involucren en desarrollar esos dones para ayudarlos a cumplir su destino.

Podemos continuar hablando mucho más acerca de lo que está ocurriendo en la iglesia que necesita ser cambiado, y por eso, se necesita una reforma. Dios está levantando apóstoles con un espíritu reformador, que están trayendo nuevas revelaciones de verdades bíblicas, las cuales han estado escritas, pero no las hemos visto por nuestra ceguera espiritual. El pueblo de Dios está enfermo, atado y oprimido por el enemigo, por falta de conocimiento fresco de la palabra de Dios. Creo que necesitamos, desesperadamente, una reforma apostólica; y Dios la está levantando hoy día a través de la generación del vino nuevo.

El apóstol es un reformador

"10...ya que consiste sólo de comidas y bebidas, de diversas abluciones, y ordenanzas acerca de la carne, impuestas hasta el tiempo de reformar las cosas". Hebreos 9.10

Cuando Dios inició el nuevo pacto, hubo una reforma por medio de los apóstoles. También, el nacimiento de Juan el Bautista representa una reforma, fue el cambio del viejo orden de la ley, al nuevo orden de la gracia. Todo lo que Juan hacía y decía era diferente: su mensaje, la manera de vivir y la manera de vestir. Lo que él hacía, confrontaba y chocaba con el sistema religioso de ese tiempo. Juan fue un reformador que desafió a todos los sistemas religiosos de ese tiempo, tales como: los recaudadores de impuestos y los militares. Todos ellos fueron influenciados por su mensaje.

El espíritu de un reformador está siendo esperado por muchas personas que desean el cambio para disfrutar la vida cristiana con gozo y paz. Los mayores enemigos de la reforma apostólica son los sistemas religiosos que han estado establecidos por mucho tiempo. En el tiempo de Jesús, ocurrió lo mismo. Los líderes religiosos de ese tiempo eran los fariseos, saduceos y escribas, los cuales persiguieron a Jesús porque tenían miedo de perder su posición, poder y control sobre las personas.

Martín Lutero un gran reformador

Fue conocido como alguien que tenía un corazón de león, que actuaba con gran audacia y el cual reformó los errores de la iglesia en ese tiempo.

¿Qué fue lo que Martín Lutero reformó?

En el año 1517, el Papa León X necesitaba dinero para finalizar la construcción de la iglesia de San Pedro en Roma. Él otorgó permiso a un individuo que se llamaba John Tetzel, un monje, para vender indulgencias a fin de financiar la edificación de la catedral. Realmente, lo que la iglesia hacía era vender el perdón de los pecados; pero usted y yo sabemos que esto está en contra de las Escrituras. Sin embargo, la mayoría de la gente creyó lo que la iglesia romana de ese tiempo predicaba.

Una indulgencia era una promesa hecha al comprador, donde el Papa le garantizaba el perdón de los pecados, era "un perdón oficial de la iglesia", otorgado a cambio de cierta cantidad de dinero, que se usó al mismo tiempo, para financiar la construcción de ese templo. Cuando Martín Lutero escucha que todo esto estaba ocurriendo, que el perdón de los pecados se estaba vendiendo, pegó sus 95 tesis y declaraciones en la puerta de la iglesia, en Wittenburg, Alemania, oponiéndose a la compra y venta del perdón. Tales declaraciones causaron gran revuelo y controversia. Se tradujeron del latín al alemán y se difundió entre la gente. Cuando esto ocurrió, Tetzel comenzó a tener problemas con la venta de indulgencias y, entonces, empezó a atacar a Lutero acusándolo de traidor.

Lutero recibió una carta del Papa, pidiéndole que se retractara por lo que había dicho y escrito, pero él no quiso. Entonces, el Papa manda a quemar todos los escritos de Lutero, pero mucha gente se rehusó a hacerlo, más bien defendían las declaraciones. La iglesia empezó a perder el control sobre las mentes de mucha gente que creía en los escritos de Lutero.

El 10 de diciembre de 1520, Lutero quemó la mayoría de los documentos sagrados de la iglesia, incluyendo la declaración del Papa, de comprar el perdón de pecados. Esto es lo que se conoce como la reforma protestante. El espíritu de un reformador había venido sobre Martín Lutero y algo que se había apartado de la voluntad de Dios, se volvió a alinear con la palabra de Dios.

La reforma de Lutero trajo, en ese tiempo, "la justificación de nuestros pecados por la fe y no por obras".

Los apóstoles traen predicaciones polémicas que reforman.

Cada uno de estos reformadores, fueron conocidos por sus predicaciones y enseñanzas polémicas; eran hostiles y fuertes, confrontaban a los sistemas religiosos, desafiaban diferentes maneras de pensar, atacaban el error, la tibieza espiritual y la hipocresía. Ellos se pararon firmes para que la verdad fuera establecida a cualquier costo.

Hoy día, nos enfrentamos con los mismos problemas. Por ejemplo, muchos líderes que no creen en la liberación ni en las maldiciones generacionales, sus congregaciones están siendo oprimidas por el diablo, porque ellos no quieren aceptar una verdad, no quieren admitir que han estado equivocados, y por eso, el pueblo no puede ser libre. Necesitamos apóstoles con un espíritu reformador que se levanten para cambiar esas formas de pensar, y traer todas esas verdades que nos dan revelación y nos entregan las llaves del reino, para así poder disfrutar de una vida cristiana a plenitud.

Hay otros líderes de la iglesia que niegan lo sobrenatural, el hablar en lenguas, la sanidad divina, la profecía, los dones del Espíritu Santo, la liberación y todo aquello que sea de origen sobrenatural. Por esta razón, tenemos un pueblo sin poder y sin autoridad; un pueblo enfermo, oprimido, sin dirección con respecto a su futuro y frío espiritualmente. Y esto es culpa de nosotros los líderes, que no queremos cambiar para bien del pueblo y de nosotros mismos.

¿Cuáles son las condiciones que se necesitan para que haya una reforma?

1. Hombres y mujeres valientes que estén dispuestos a ser polémicos, criticados y rechazados por traer y enseñar nuevas verdades.

"12Desde los días de Juan el Bautista hasta ahora, el reino de los cielos sufre violencia, y los violentos lo arrebatan". Mateo 11.12

Hay un precio que pagar cuando se es pionero. Ese precio es la crítica, el rechazo, el desprecio, y si queremos ser hombres y mujeres de la generación del vino nuevo, tenemos que estar dispuestos a sufrir la persecución.

2. La reforma apostólica requiere de hombres y mujeres con un carácter sólido y con convicciones sólidas. La verdadera madurez espiritual es probada cuando estamos bajo presión, y es necesario tener un carácter y una convicción firme para traer reformas al cuerpo. Si un hombre o una mujer de Dios no tiene convicción para predicar o enseñar un tópico específico, es mejor que no lo haga.

3. Hombres y mujeres que están dispuestos a cambiar a nuevas formas de pensar y actuar. El estar dispuesto a cambiar nuestra manera vieja de pensar, nos va a llevar a disfrutar de otros niveles mayores de la voluntad y plenitud de Dios.

CAPÍTULO VII

¿Qué es un apóstol y cuáles son sus características principales?

"**Y**a unos puso Dios en la iglesia, primeramente apóstoles, luego profetas, lo tercero maestros, luego los que hacen milagros, después los que sanan, los que ayudan, los que administran, los que tienen don de lenguas". 1 Corintios 12.28*

Mucho se ha dicho y enseñado acerca del ministerio del apóstol, pero ahora vamos a estudiar cuidadosamente qué es lo que la Escritura nos habla acerca de este ministerio. Yo creo que cada apóstol, recibe de Dios una revelación desde un ángulo diferente, pero con una sola verdad bíblica.

¿Qué es un apóstol?

La palabra **apóstol** viene del vocablo griego *"apostolos"*, que significa uno que es enviado, uno que es ungido o escogido por Dios para cumplir una tarea específica.

Hoy día, hay un sinnúmero de individuos que se llaman ellos mismos apóstoles. Para no ser engañados, vamos a estudiar ciertas características de un verdadero apóstol, y de esa manera, aprenderemos a identificarlo. Hay muchas personas que se llaman así mismos apóstoles, pero no cumplen con los requisitos iniciales de un apóstol; por lo tanto, de éstos debemos huir.

"2Yo conozco tus obras, y tu arduo trabajo y paciencia; y que no puedes soportar a los malos, y has probado a los que se dicen ser apóstoles, y no lo son, y los has hallado mentirosos...". Apocalipsis 2.2

¿Cuáles son las características bíblicas principales que identifican un verdadero apóstol?

1. **El llamado de un genuino apóstol ha sido confirmado y revelado por dos o más testigos independientes.**

   "1Había entonces en la iglesia que estaba en Antioquía, profetas y maestros: Bernabé, Simón el que se llamaba Niger, Lucio de Cirene, Manaén el que se había criado junto con Herodes el tetrarca, y Saulo. 2Ministrando éstos al Señor, y ayunando, dijo el Espíritu Santo: Apartadme a Bernabé y a Saulo para la obra a que los he llamado". Hechos 13.1, 2

Un verdadero apóstol no es uno que se llama a sí mismo apóstol, sino que su llamado apostólico es confirmado por otros testigos independientes, tales como: apóstoles maduros y profetas con mucha experiencia. Es uno que fue confirmado por revelación divina, y además, es comisionado como apóstol para hacer una obra específica en una ciudad, en una nación o en un continente. Además de que el llamado es confirmado por los ministros, apóstoles, profetas y maestros, también es confirmado por el pueblo, el cual lo reconoce como tal, sin necesidad de que el apóstol se proclame a sí mismo.

2. **A un apóstol le siguen las señales, maravillas, milagros y prodigios.**

"12Con todo, las señales de apóstol han sido hechas entre vosotros en toda paciencia, por señales, prodigios y milagros". 2 Corintios 12.12

"4...y ni mi palabra ni mi predicación fue con palabras persuasivas de humana sabiduría, sino con demostración del Espíritu y de poder..." 1 Corintios 2.4

¿Qué es una señal?

Es una marca del amor y del poder de Dios. Es algo que provoca el asombro del observador. Es una marca o una indicación que hace que el espectador se maraville por lo que oye y por lo que ve.

Una característica de un genuino apóstol, es el respaldo de Dios con señales y maravillas que le siguen. Dentro de estas señales apostólicas, hay algunas específicas, tales como:

- **La resurrección de los muertos.**

La palabra de Dios nos habla de cómo muchos muertos fueron resucitados, no solamente en el ministerio de Jesús y los profetas, sino también, en el ministerio de los apóstoles, como lo fue en el caso de Pedro y Pablo.

"40Entonces, sacando a todos, Pedro se puso de rodillas y oró; y volviéndose al cuerpo, dijo: Tabita, levántate. Y ella abrió los ojos, y al ver a Pedro, se incorporó. 41Y él, dándole la mano, la levantó; entonces, llamando a los santos y a las viudas, la presentó viva". Hechos 9.40, 41

"9...y un joven llamado Eutico, que estaba sentado en la ventana, rendido de un sueño profundo, por cuanto Pablo disertaba largamente, vencido del sueño cayó del tercer piso abajo, y fue levantado muerto. 10Entonces descendió Pablo y se echó sobre él, y abrazándole, dijo: No os alarméis, pues está vivo. 11Después de haber subido, y partido el pan y comido, habló largamente hasta el alba; y así salió. 12Y llevaron al joven vivo, y fueron grandemente consolados". Hechos 20.9-12

- **Milagros extraordinarios de sanidad y liberación.** *"12Y por la mano de los apóstoles se hacían muchas señales y prodigios en el pueblo; y estaban*

todos unánimes en el pórtico de Salomón".
Hechos 5.12

"15...tanto que sacaban los enfermos a las calles, y los ponían en camas y lechos, para que al pasar Pedro, a lo menos su sombra cayese sobre alguno de ellos. 16Y aun de las ciudades vecinas muchos venían a Jerusalén, trayendo enfermos y atormentados de espíritus inmundos; y todos eran sanados".
Hechos 5.15, 16

"11Y hacía Dios milagros extraordinarios por mano de Pablo, 12de tal manera que aun se llevaban a los enfermos los paños o delantales de su cuerpo, y las enfermedades se iban de ellos, y los espíritus malos salían". Hechos 19.11, 12

Las señales hechas por un apóstol son convincentes y extraordinarias, y después de que son hechas, nadie puede dudar que ese individuo es un siervo de Dios.

- **Milagros de confrontación contra el enemigo.**

"16Aconteció que mientras íbamos a la oración, nos salió al encuentro una muchacha que tenía espíritu de adivinación, la cual daba gran ganancia a sus amos, adivinando. 17Ésta, siguiendo a Pablo y a nosotros, daba voces, diciendo: Estos hombres son siervos del Dios Altísimo, quienes os anuncian el

camino de salvación. [18]Y esto lo hacía por muchos días; mas desagradando a Pablo, éste se volvió y dijo al espíritu: Te mando en el nombre de Jesucristo, que salgas de ella. Y salió en aquella misma hora". Hechos 16.16-18

Este caso aconteció cuando Pablo inició una guerra contra los principados, potestades de Efesos. Los confrontó, y el resultado fue un gran avivamiento. El apóstol tiene una fuerte unción de liberación y guerra espiritual.

- **Milagros para decretar juicio contra los enemigos del evangelio.**

"[8]Pero los resistía Elimas, el mago (pues así se traduce su nombre), intentando apartar de la fe al procónsul. [9]Entonces Saulo, que también es Pablo, lleno del Espíritu Santo, fijando en él los ojos, [10]le dijo: —¡Lleno de todo engaño y de toda maldad, hijo del diablo, enemigo de toda justicia! ¿No cesarás de trastornar los caminos rectos del Señor? [11]Ahora, pues, he aquí la mano del Señor está contra ti, y serás ciego, y no verás el sol por algún tiempo. E inmediatamente, cayeron sobre él oscuridad y tinieblas; y andando alrededor, buscaba quien le condujese de la mano.". Hechos 13.8-11

A través de todo el libro de los Hechos, vemos cómo las señales, las maravillas y los prodigios se manifiestan en los apóstoles frecuentemente. Ésta es una característica de un verdadero apóstol y, también, de una iglesia apostólica.

Las señales y maravillas tienen varios propósitos en el ministerio de un apóstol, los cuales son:

- Revelan la aprobación de Dios al ministerio apostólico.

  "²Y de repente vino del cielo un estruendo como de un viento recio que soplaba, el cual llenó toda la casa donde estaban sentados..." Hechos 2.2

  Dios aprueba con señales ese ministerio apostólico, y es un sello de que Dios está con él o ella.

- Son la marca de una iglesia apostólica.

  "⁴²Y perseveraban en la doctrina de los apóstoles, en la comunión unos con otros, en el partimiento del pan y en las oraciones". Hechos 2.42

  En cualquier iglesia apostólica, va a ser muy común ver ocurrir señales, milagros, liberaciones, entre otros.

- Las señales hacen que el pueblo hable, ministre y ore con denuedo y osadía.

"30...mientras extiendes tu mano para que se hagan sanidades y señales y prodigios mediante el nombre de tu santo Hijo Jesús". Hechos 4.30

Cuando el pueblo ve todas estas señales ocurrir, recibe una impartición para interceder, evangelizar, y para hablar la palabra de Dios con atrevimiento, osadía y audacia.

- Acompañan o le siguen al que es enviado.

"36Éste los sacó, habiendo hecho prodigios y señales en tierra de Egipto, y en el Mar Rojo, y en el desierto por cuarenta años". Hechos 7.36

Hay muchas personas que se envían solas, y como resultado, ninguna señal ocurre en sus ministerios. Es necesario ser enviado por la cobertura de la casa.

- Las señales y prodigios dan testimonio de la palabra de Dios.

"3Por tanto, se detuvieron allí mucho tiempo, hablando con denuedo, confiados en el Señor, el cual daba testimonio a la palabra de su gracia, concediendo que se hiciesen por las manos de ellos señales y prodigios". Hechos 14.3

Una de las principales razones por las cuales Dios manifiesta las señales y prodigios, es porque el Señor siempre confirma su palabra.

- Las señales y prodigios son el anuncio publicitario de Dios para atraer la gente.

Las señales y maravillas son el mejor agente publicitario de Dios, mejor que cualquier medio de comunicación; y aunque necesitamos los medios y son importantes, Dios atrae más personas por medio de sus señales.

Para concluir, podemos decir que la predicación y la enseñanza de un apóstol estarán confirmadas con sanidades, milagros, bautismo con el Espíritu Santo, profecía, liberación, echar fuera demonios, entre otros. Dios está levantando verdaderos apóstoles en el mundo de hoy.

3. Los apóstoles son la cobertura espiritual de ministerios, iglesias y ministros.

"4Y le acompañaron hasta Asia, Sópater de Berea, Aristarco y Segundo de Tesalónica, Gayo de Derbe, y Timoteo; y de Asia, Tíquico y Trófimo. 5Éstos, habiéndose adelantado, nos esperaron en Troas". Hechos 20.4, 5

Dios trae a la vida de un apóstol, por medio del Espíritu Santo, iglesias que no tienen ninguna cobertura espiritual, ministerios que quieren trabajar en equipo y en unidad para edificar el Reino. También, trae ministros y líderes huérfanos que están buscando un padre espiritual que los cubra y que les dé adiestramiento, herramientas y palabras de ánimo. Hay muchos pastores jóvenes que están huérfanos en el ministerio, que necesitan la cobertura o la protección espiritual de un apóstol.

4. **Los apóstoles han tenido y siguen teniendo éxito en establecer iglesias.**

"²Si para otros no soy apóstol, para vosotros ciertamente lo soy; porque el sello de mi apostolado sois vosotros en el Señor". 1 Corintios 9.2

Los verdaderos apóstoles han tenido éxito en el establecimiento de iglesias, partiendo desde cero hasta llevarlas a ser iglesias poderosas, con un fuerte liderazgo en evangelismo, profecía, liberación, intercesión, guerra espiritual, la familia, entre otros. Cada vez que han establecido una iglesia local o en cualquier lugar, Dios les ha dado la unción y la gracia para llevarla a crecer en cantidad y en calidad.

5. **Los apóstoles tienen una fuerte oposición del diablo y sus demonios.**

El ministerio apostólico puede ser identificado por la gran cantidad de oposición que recibe del enemigo, por la persecución de los religiosos, el rechazo de otros pastores y ministerios, la crítica y el juicio de mucha gente. Esta persecución del enemigo es debido a la continua revelación que se le brinda a los creyentes. La iglesia cree que los ministerios que no reciben ninguna persecución, son bendecidos y que los que son perseguidos y criticados es porque están haciendo algo malo. Un ministerio apostólico siempre tendrá mucha persecución, crítica y oposición de la gente y del enemigo.

"*7*Y para que la grandeza de las revelaciones no me exaltase desmedidamente, me fue dado un aguijón en mi carne, un mensajero de Satanás que me abofetee, para que no me enaltezca sobremanera; *8*respecto a lo cual tres veces he rogado al Señor, que lo quite de mí". 2 Corintios 12.7, 8

6. El apóstol opera en un alto nivel de sabiduría divina.

Algunas áreas donde opera la sabiduría de Dios en un apóstol son las siguientes:

• El apóstol tiene la sabiduría para encontrar la verdadera raíz de las cosas, de los problemas en una iglesia o en una persona. Una de las facetas de la sabiduría consiste en conocer la verdadera naturaleza de las cosas visibles o invisibles.

- Un apóstol tiene la sabiduría de cómo aplicar el conocimiento de la palabra a la vida diaria.

- Un apóstol tiene la sabiduría para conocer el comportamiento, la conducta y el carácter de las personas.

- El apóstol tiene la sabiduría para hacer guerra espiritual.

- Opera en la sabiduría para la definición de estrategias, para ganar almas, recursos, ciudades y naciones para el Reino.

- El apóstol opera en la sabiduría para usar e invertir el dinero de Dios correctamente.

7. **El apóstol tiene un corazón de padre.**

"15Porque aunque tengáis diez mil ayos en Cristo, no tendréis muchos padres; pues en Cristo Jesús yo os engendré por medio del evangelio". 1 Corintios 4.15

Una de las señales de la restauración de Dios para la iglesia, está en el libro de Malaquías. Es la restauración del corazón de los padres hacia los hijos y de los hijos hacia los padres. Hoy día, tenemos muchos hijos e hijas huérfanos, tanto en el ministerio como en el hogar; ya sea porque la figura paterna, algunas veces, no estuvo en el hogar, o estaba presente, pero no fue un buen ejemplo para sus hijos.

Hay mucha escasez de un modelo de padre en la iglesia y en el hogar. Esto ha causado que muchos hijos se vuelvan homosexuales y lesbianas, en busca de una identidad que no recibieron de su padre. Una de las cosas que imparte la paternidad, es afirmar a sus hijos en su identidad, diciéndoles: "yo te amo", "tú eres especial", "tú eres un pastor", "tú eres un profeta", "creo en ti aunque nadie más lo haga". Hoy día, se necesita esa identidad para los hijos en el hogar y para los hijos espirituales en la iglesia.

Hay muchos pastores que están confundidos en su llamado, pues no saben quiénes son como personas ni conocen su verdadero llamado ministerial. No saben si son pastores, evangelista o maestros. Necesitan un padre que los afirme y les confirme su llamado en Cristo Jesús. Las anteriores, son las siete características bíblicas del ministerio apostólico, que enseñan al creyente la forma de identificar, reconocer y medir todos aquellos que reclaman ser apóstoles. El simple hecho de decir que Dios nos ha puesto en el oficio del apóstol, no es una prueba suficiente de que lo somos. Todas estas características son innegables. La palabra de Dios nos muestra claramente cuáles son las señales y las evidencias de un verdadero apóstol.

CAPÍTULO VIII

¿Cuáles son las funciones y deberes de un apóstol?

Cada apóstol comisionado y enviado por Dios, necesita saber y conocer sus funciones, deberes y responsabilidades para que pueda desarrollar su ministerio con excelencia. He encontrado muchos apóstoles, los cuales saben que son apóstoles, porque Dios los ha confirmado por medio de otros hombres y mujeres, por el pueblo y por el fruto que han dado a conocer, pero ellos no quieren ser llamados apóstoles. Debemos entender que si no aceptamos el llamado de Dios y no entramos a desarrollar el don, la unción apostólica no fluirá en nuestra vida. Es necesario creer, aceptar y actuar en el llamado de Dios, y para ello, necesitamos saber nuestras funciones en el don a desarrollar. Veamos cuáles son esas funciones y deberes:

1. Los apóstoles están llamados a revelar nuevas verdades al cuerpo.

"¹Por esta causa yo Pablo, prisionero de Cristo Jesús por vosotros los gentiles; ²si es que habéis oído de la administración de la gracia de Dios que me fue dada para con vosotros; ³que por revelación me fue declarado

el misterio, como antes lo he escrito brevemente...".
Efesios 3.1-3

Cada vez que un apóstol de Dios está en nuestros medios, trae con él la revelación de verdades bíblicas que estaban escritas, pero que nosotros, por la tradición religiosa, no las habíamos visto.

¿Cómo sabemos que es una revelación de Dios?

Toda revelación de una verdad de Dios, cuando es enseñada o predicada, va a producir cambios y frutos en nuestras vidas. Algunos apóstoles revelarán verdades acerca de la liberación, sanidad divina, guerra espiritual, alabanza y adoración, dependiendo de lo que necesite el cuerpo de Cristo; esto hace que el pueblo salga de la ignorancia.

2. **Los apóstoles están llamados a impartir dones y gracia de Dios a los santos.**

"11Porque deseo veros, para comunicaros algún don espiritual, a fin de que seáis confirmados...".
Romanos 1.11

¿Qué significa impartir? Es dar a otros de lo que hemos recibido directamente de Dios, por ejemplo: autoridad, poder, dones, unción y otros, con el propósito de que los creyentes cumplan con el llamado de Dios en sus vidas. Los creyentes no se moverán en todo su potencial si no hay impartición de un apóstol u otro hombre o mujer de Dios con una mayor unción. La unción es transferible y puede ser transmitida de una persona a otra, como lo fue en el caso de Jesús con sus discípulos. El Señor envió a los apóstoles, pero primero les transfirió una medida de unción y obtuvieron los mismos resultados que Jesús tuvo; es decir, los apóstoles pudieron echar fuera demonios, sanar enfermos, resucitar muertos y otros milagros al recibir la unción que Jesús les impartió. Los apóstoles están llamados a impartir los dones y la gracia que Dios ha puesto en ellos.

3. **Los apóstoles están llamados a activar a los creyentes en sus dones.**

¿Qué es una activación?

Una activación es desafiar a los creyentes a vivir una verdad y a recibir la gracia para avivar y actuar en un don dado por Dios.

"⁶Por lo cual te aconsejo que avives el fuego del don de Dios que está en ti por la imposición de mis manos...". 2 Timoteo 1.6

Los apóstoles pueden avivar y activar los dones en los creyentes, especialmente en aquellos santos cuyos dones han estado dormidos. Cuando un apóstol hace una impartición activa a los santos, dándoles la habilidad de volver a avivar sus dones y el llamado que Dios les dio. Un apóstol reta a los creyentes con una verdad para que reciban la gracia de Dios y para hacer lo que la palabra de Dios dice. Esto sucede por la ley de la activación, la cual consiste en que un hombre mortal puede impartir un don a otro mortal.

4. **Los apóstoles están llamados a demostrar lo sobrenatural, con señales y maravillas.**

"12Y por la mano de los apóstoles se hacían muchas señales y prodigios en el pueblo; y estaban todos unánimes en el pórtico de Salomón...". Hechos 5.12

Dondequiera que un apóstol es enviado, demuestra lo que predica con hechos poderosos, tales como: milagros, señales, sanidades, liberación, profecía, bautismo con el Espíritu Santo y salvación. Cada vez que un apóstol está en nuestros medios, fluirá en lo sobrenatural de Dios, lo cual puede ocurrir antes de la predicación, en medio de la predicación o después de la misma. Todo lo que enseña y predica es respaldado con señales sobrenaturales de parte de Dios. Recordemos que una demostración de esto es ver actos visibles de lo sobrenatural de Dios manifestados en el mundo físico; en otras palabras, lo que se predica, es demostrado en la práctica.

5. **Los apóstoles están llamados a movilizar y a enviar al pueblo de Dios.**

Los apóstoles tienen la gracia de Dios para convocar al pueblo y dar dirección. Ellos lo adiestran, lo capacitan, lo enseñan y, luego, lo envían para que cumpla el propósito de Dios.

6. **Los apóstoles están llamados a confirmar dones y ministerios.**

"⁵Cuando oyeron esto, fueron bautizados en el nombre del Señor Jesús. ⁶Y habiéndoles impuesto Pablo las manos, vino sobre ellos el Espíritu Santo; y hablaban en lenguas, y profetizaban". Hechos 19.5, 6

Todos entendemos que Dios es el que posee y reparte los dones y los ministerios, pero Dios usa a los apóstoles, para confirmar a individuos su llamado o su don, y para confirmar el llamado de ministerios y ministros en la iglesia local. La confirmación de un apóstol trae fortaleza, seguridad, fe y convicción en la vida de una persona y de un ministerio.

7. **Los apóstoles son pioneros.**

¿Quién es un pionero? Un pionero es uno de los primeros en establecerse en un territorio; es uno que es primero en abrir brecha para que otros sigan.

*"²⁸Y a unos puso Dios en la iglesia, **primeramente** apóstoles...". 1 Corintios 12.28*

Los apóstoles son los que están llamados a ser pioneros y a estar en el "filo cortante" de lo que Dios está haciendo. Hoy día, son los que determinan el curso para el futuro de la iglesia de Cristo. Los apóstoles son pioneros en predicar nuevas verdades, establecer y levantar nuevas iglesias, invadir nuevos territorios, llevar a cabo proyectos que otros no han realizado, moverse en una unción que otros no se han movido, poseer nuevos territorios que otros no han poseído y lograr nuevas victorias que otros no han logrado. Esto es lo que hace un apóstol con la unción de pionero.

8. Los apóstoles están llamados a penetrar el reino de las tinieblas.

"²⁷Acontecerá en aquel tiempo que su carga será quitada de tu hombro, y su yugo de tu cerviz, y el yugo se pudrirá a causa de la unción". Isaías 10.27

Los apóstoles tienen la unción dada por Dios para penetrar en lugares escondidos de tinieblas, para penetrar en los corazones de las personas, en las ciudades y en los territorios que están tomados por el enemigo. La unción apostólica tiene la habilidad de penetrar en las fortalezas del enemigo.

Es una unción de rompimiento capaz de traspasar las líneas de defensa del diablo para destruir y liberar a personas, donde otros han tratado y han fracasado. La unción apostólica tiene la habilidad de romper y destruir toda obra de las tinieblas.

La penetración de un apóstol en contra del reino de las tinieblas es a través de la palabra revelada, la intercesión y la guerra espiritual al tomar autoridad sobre toda fuerza del enemigo.

9. **Los apóstoles están llamados a establecer y levantar nuevas iglesias y líderes.**

Establecer significa llegar a estar sobre una base firme y sólida. Los apóstoles establecen a las iglesias con una doctrina cristocéntrica. Además, establecen nuevas verdades, enseñan y fundamentan a los líderes principiantes en las doctrinas básicas del evangelio, los establecen en su carácter, en su carisma y les dan oportunidades para desarrollarse como líderes para servir a Jesús. Esto fue exactamente lo que hizo Jesús con sus discípulos. Los apóstoles, además de estar llamados a abrir nuevas iglesias y establecerlas, también son llamados a llevarlas a la madurez.

"14Y estableció a doce, para que estuviesen con él, y para enviarlos a predicar...". Marcos 3.14

10. Los apóstoles están llamados para hacer guerra.

"[4]...porque las armas de nuestra milicia no son carnales, sino poderosas en Dios para la destrucción de fortalezas...". 2 Corintios 10.4

La palabra **milicia** en el vocablo griego es *"strateia"*, que significa servicio militar o una guerra de guerrilla. Los apóstoles tienen un espíritu de guerra dado por Dios y están llamados a hacer guerra apostólica de guerrillas contra el enemigo.

Dios envía apóstoles a ciudades, países y territorios para hacer guerra contra principados y potestades. Ellos tienen la unción de rompimiento, con la cual vencen la resistencia del enemigo. Debido a que ellos son los primeros en establecer nuevos territorios, encuentran mucha resistencia del enemigo. Los apóstoles hacen guerra en contra de la tradición, las ataduras, la religiosidad y la ignorancia. Esto lo hacen por medio de la enseñanza y la predicación de la Palabra, la intercesión y la guerra espiritual, demostrando la Palabra con milagros y sanidades. Los apóstoles siempre están pensando en invadir nuevos territorios. El apóstol acelera el crecimiento de los creyentes, poniéndoles presión para que no retracen su llamado. El apóstol tiene un espíritu aventurero, y continuamente está tomando riesgos. También, tiene un espíritu de agresión en el mundo espiritual, es audaz y está listo para confrontar y hacer guerra contra la hipocresía, la tibieza espiritual, el legalismo, el estatus quo y el conformismo.

Los apóstoles tienen un espíritu de guerra sobre ellos dado por Dios, y están llamados a crear estrategias para tomar nuevos territorios para el Reino.

11. **Los apóstoles están llamados a poner el fundamento de una iglesia.**

"20...edificados sobre el fundamento de los apóstoles y profetas, siendo la principal piedra del ángulo Jesucristo mismo...". Efesios 2.20

Los apóstoles tienen la unción de poner el fundamento bíblico en la vida del pueblo de Dios. Si el fundamento no es puesto correctamente cuando el edificio sea edificado, entonces no permanecerá y se caerá. Los apóstoles ponen el fundamento de la doctrina en una iglesia y el fundamento del carácter en cada creyente, para que puedan crecer saludablemente.

12. **Los apóstoles están llamados a capacitar y a adiestrar líderes.**

Los apóstoles tienen la unción para ganar las personas para Jesús, y luego, discipularlas, capacitarlas, adiestrarlas y enseñarlas. Además, están capacitados para llevarlas a conocer su llamado en el Señor, identificarlas como líderes y, finalmente, enviarlas a la obra del ministerio.

13. **Los apóstoles están llamados a juzgar y a decretar juicios en la iglesia.**

Juzgar significa tener la habilidad de poder discernir, dividir, juzgar correctamente y pesar con una balanza una situación específica en la iglesia. Los apóstoles tienen la habilidad de juzgar con un justo juicio sobre cualquier situación o problema que se levante en la iglesia. Los apóstoles dictan juicios, traen corrección y disciplina en la iglesia. Ellos dictan sentencia y veredictos contra falsas enseñanzas y una conducta incorrecta.

"3Ciertamente yo, como ausente en cuerpo, pero presente en espíritu, ya como presente he juzgado al que tal cosa ha hecho". 1 Corintios 5.3

Decretar

¿Qué es un decreto? Es un anuncio público para indicar o dar a conocer abiertamente un decreto. Es una orden autoritaria y formal que tiene la fuerza de una ley, donde se proclama uno de los eternos propósitos de Dios.

Los decretos apostólicos son anuncios que son declarados públicamente; son edictos, leyes que están en forma escrita.

En la antigüedad, un rey declaraba un decreto y era una ley que todo el mundo tenía que obedecer. Un decreto apostólico es un acto o una declaración que se hace en lo natural, pero tiene un efecto en el mundo espiritual, y vuelve al mundo natural con resultados y efectos maravillosos. Los apóstoles pueden hacer decretos apostólicos para recibir gracia y favor de Dios para con el pueblo. Por ejemplo, pueden hacer decretos contra las obras del diablo, decretos para los elementos de la naturaleza, tales como: huracanes, terremotos, ciclones u otros.

14. Los apóstoles son llamados a reformar.

Los apóstoles tienen una unción para reformar, renovar, rectificar, enmendar todo aquello que está torcido en el cuerpo de Cristo, como: formas de pensar, creencias y métodos de trabajo obsoletos. Los apóstoles tienen un espíritu reformador que ejercen por medio de nuevas enseñanzas y verdades que cambian la mentalidad de las personas.

15. Los apóstoles están llamados a ser primeros en rango y en autoridad.

"28Y a unos puso Dios en la iglesia, primeramente apóstoles, luego profetas, lo tercero maestros, luego los que hacen milagros, después los que sanan, los que ayudan, los que administran, los que tienen don de lenguas". 1 Corintios 12.28

La palabra **primero** en el vocablo griego es *"proton"*, que significa: primero en el tiempo, lugar, orden o importancia, antes, al principio, ante todo. Dios estableció primero en tiempo, lugar y orden a los apóstoles, y segundo, a los profetas.

La unción apostólica tiene la habilidad de llevar al apóstol a ser primero en una región, en un territorio, en predicar nuevas verdades, en un campo de estudio como: la medicina, la economía, la aviación, las finanzas, los negocios. Esta unción hace que las personas avancen más allá que el resto. Dios ha establecido a los apóstoles para que sean primeros en rango y autoridad, y de esta manera, logren traer un balance al cuerpo de Cristo.

CAPÍTULO IX

La iglesia apostólica con un espíritu apostólico

Una iglesia apostólica está compuesta por gente con mucha capacidad y diversidad de dones. Por eso, es vital que sepan cómo desempeñar su rol sin salirse del orden de Dios. Para esto, es necesario que entiendan que una cosa es ser llamado a la oficina o la función del apóstol, y otra cosa es moverse en la unción apostólica o en un espíritu apostólico.

En cada creyente que ha nacido de nuevo, reside dentro de sí, una pequeña porción de los cinco ministerios. Esto sucede porque Jesús vive dentro de cada uno, y Él es el gran apóstol, profeta, pastor, evangelista y maestro.

Es muy importante tener claro que el hecho de que resida una pequeña porción de los cinco ministerios en cada creyente, no significa que están llamados a ejercer en cada uno de ellos, pero sí que se moverán en ese espíritu por influencia (impartición) del ministerio en el cual opera su cobertura. Esto no quiere decir que ellos son apóstoles, profetas, maestros, evangelistas o pastores, sino que ellos se moverán en un espíritu de acuerdo a la influencia de su cobertura.

Por ejemplo, un creyente que esté bajo la unción de un profeta y de un maestro, al estar bajo esa cobertura, recibirá un espíritu profético de enseñanza; va a profetizar, va a recibir revelación de la Palabra y empezará a gustarle la enseñanza. Cada creyente que esté en un ministerio apostólico, va a tomar el mismo espíritu que se mueve en el apóstol, y va a empezar hacer las mismas cosas que hace el apóstol; no necesariamente es un apóstol, sino que ha tomado el espíritu apostólico. ¿Cómo ocurre esto? Esto ocurre por medio de la ley de la impartición.

La ley de la impartición

La unción de Dios es transferible por medio de la ley de la impartición, o sea, que puede ser transferida de una persona a otra. Cada ministro o creyente tiene una medida de gracia y unción que puede dar a otros, y los que la reciben, obtienen el mismo espíritu y la misma unción.

La unción apostólica fluye desde Jesús a través de los apóstoles y de éstos corre hacia los creyentes en toda la tierra. La misma verdad aplica para los otros ministerios. Hay iglesias que tienen la bendición de tener un apóstol que funciona en los cinco ministerios, el cual produce una explosión de crecimiento y madurez en lo apostólico, en lo profético, en lo evangelístico, en la enseñanza y en el cuidado pastoral.

¿Qué beneficios tiene para un creyente estar bajo una cobertura apostólica?

Se moverá en una unción apostólica como la que está en el apóstol, por ejemplo:

- Recibirá una unción de pionero.
- Recibirá una unción de revelación.
- Recibirá una unción para impartir dones.
- Recibirá una unción para activar a los creyentes.
- Recibirá una unción de milagros y sanidades.
- Recibirá una unción de liberación.
- Recibirá una unción de rompimiento y penetración en el reino de las tinieblas.
- Será parte del equipo apostólico para levantar nuevas obras.
- Recibirá la unción de guerra y se convertirá en guerrero o guerrera.
- Pondrá el fundamento en la vida de los creyentes nuevos.
- Recibirá la unción de liderazgo, esto es, cómo adiestrar y capacitar a otros líderes, y también, una unción de cómo desarrollarse como líder.
- Recibirá una unción para reformar, renovar y cambiar circunstancias a su alrededor.

- Los beneficios por estar bajo la cobertura de una iglesia apostólica son innumerables. Para recibirla, lo único que tenemos que hacer es creer, hacernos parte de la visión de la iglesia local y movernos en el mismo espíritu del apóstol.

CAPÍTULO X

¿Cuáles son las características de una iglesia apostólica?

Como explicamos anteriormente, una cosa es ser un apóstol y otra cosa es moverse en un espíritu apostólico. A continuación, vamos a estudiar algunas características de las iglesias apostólicas del cuerpo de Jesús, que existen alrededor de todo el mundo. Algunas de las señales que he visto en la iglesia apostólica son las siguientes:

1. **Las iglesias apostólicas tienen una gran pasión por alcanzar al perdido.**

En el caso nuestro, este año ganamos casi 10,000 almas para el Señor. Esto lo hicimos a través de la radio, la televisión y por medio de todos los creyentes de la iglesia que han traído personas a la misma. Las iglesias apostólicas invierten gran parte de su presupuesto anual para evangelizar y alcanzar nuevas almas para el Reino. El buscar al perdido y darle seguimiento para que permanezca en la iglesia, es una prioridad en una iglesia apostólica.

2. Las iglesias apostólicas han tomado los medios de comunicación.

En nuestro caso como ministerio, logramos entrar permanentemente, a los canales seculares cuando otras iglesias no lo habían conseguido. Emitimos programas en cinco estaciones de televisión y en tres emisoras de radio. Las iglesias apostólicas hemos entendido que Dios nos ha entregado los medios de comunicación para llevar su evangelio a todo el mundo; por eso, es muy importante invertir dinero para entrar en los medios de comunicación.

3. A menudo, en los ministerios apostólicos, ocurren milagros, señales y sanidades.

Las iglesias apostólicas tienen un fuerte mover de lo sobrenatural, esto se puede observar por medio de: profecías, sanidades, milagros, prodigios, dones del Espíritu Santo, liberación, cántico profético, bautismo con el Espíritu Santo, guerra espiritual, entre otros.

4. Las iglesias apostólicas tienen equipos de discipulados intensivos.

La iglesia de Jesús no tiene problema en ganar las almas, sino en afirmarlas para que lleven fruto en la iglesia. Es muy común ver en las iglesias apostólicas, equipos de capacitación y adiestramiento para levantar discípulos. Por ejemplo, nuestra iglesia tiene un instituto de liderazgo del vino nuevo con aproximadamente 700 estudiantes, los cuales son enseñados, adiestrados en diferentes áreas, tales como: profecía, liberación, intercesión y guerra espiritual, liderazgo, consejería, la familia y así sucesivamente. Además, hay más de 300 estudiantes siendo discipulados por el pastor, la pastora y los líderes, para que también sean levantados como líderes de la Iglesia. Las iglesias apostólicas tienen un discipulado intensivo, que es más práctico que teórico, así como hizo Jesús con sus doce y setenta discípulos.

5. Las iglesias apostólicas tienen un ministerio de liberación bien fundamentado.

No se puede empezar a discipular a un creyente si primero no se limpia o se libera. Cuando no lo hacemos, las personas no reciben todo lo que Dios tiene para ellas, porque los demonios y las heridas emocionales son obstáculos y barreras en las mentes y en el corazón de la gente para recibir la Palabra. Antes de sembrar la Palabra, tenemos que sanarlos y liberarlos. Por la gracia y el favor de Dios, nuestro ministerio cuenta con un equipo de más de 50 liberadores, que ministran a los nuevos creyentes y a todo aquel que lo necesite.

6. **Las iglesias apostólicas tienen una base fuerte en la alabanza y la adoración.**

Cada vez que se vaya a una iglesia o ministerio apostólico, va a encontrar que los músicos y los cantores fluyen en el cántico nuevo, en el cántico profético y, sobre todo, saben cómo traer la presencia de Dios a nuestros medios. Dios nos ha dado la bendición de tener una escuela de música para levantar nuevos talentos que glorifiquen a Dios.

7. **Las iglesias apostólicas tienen una rica enseñanza y revelación de la Palabra.**

Una de las cosas más comunes que se puede ver en un ministerio apostólico, es la continua enseñanza de todo el consejo de Dios. En este ministerio, se enseñan y se predican diferentes tópicos, tales como: la familia, la santidad, la prosperidad, los milagros, la profecía, la liberación, el arrepentimiento, entre otros. Las iglesias apostólicas no se enfocan en un área específica; en una iglesia apostólica, el énfasis es Cristo.

8. **Los ministerios apostólicos cuidan y evangelizan a través de grupos familiares.**

Una de las formas más efectivas para cuidar el pueblo, desarrollar líderes y evangelizar al perdido, es por medio de los grupos pequeños en las casas. Ésta es una forma efectiva de envolver a toda la iglesia para ganar almas.

9. **Las iglesias apostólicas tienen un ministerio sólido de oración e intercesión.**

La oración y la intercesión son una prioridad en una iglesia apostólica, porque por medio de ella, se dan a luz cosas de la visión local; además, protegen y cubren al pastor y a la iglesia, intercediendo para que Dios cumpla sus planes y sus propósitos. Nuestro ministerio tiene 12 personas empleadas para que oren e intercedan en diferentes turnos, cubriendo las 24 horas, y hay más de 300 intercesores voluntarios, que interceden diferentes días y horas durante la semana. También, ofrecemos capacitación y adiestramiento para los intercesores.

10. **Las iglesias apostólicas tienen un fuerte trabajo en la obra social.**

En un tiempo, la iglesia fue el lugar de refugio y de consuelo espiritual, material y emocional de la gente; pero se fue perdiendo poco a poco, a tal grado, que hoy día la iglesia ayuda muy poco al pobre, a la viuda, al que está desnudo y al hambriento. Dios está levantando ministerios apostólicos con un corazón diferente para hacer la obra social nuevamente. En nuestro ministerio, tenemos un departamento que le llamamos: "canasta familiar", donde se preparan canastas de alimentos para las personas que están en necesidad económica. También, hemos levantado comedores infantiles y orfanatos en Centro y Sur América.

11. **Los ministerios apostólicos tienen una estructura de gobierno bien organizada.**

Las iglesias apostólicas están bien estructuradas, y tienen un orden de autoridad al que toda la iglesia se somete y respeta.

12. **Las iglesias apostólicas son prósperas financieramente** debido a que sus inversiones son basadas en las prioridades de Dios, por ejemplo: las almas, las misiones, la obra social y otros; en general, una iglesia apostólica es una bendición maravillosa. ¡A Dios sea toda la gloria!

CAPÍTULO XI

La generación que camina en lo sobrenatural

¿Cómo andar en lo sobrenatural?

En este capítulo, estudiaremos cómo movernos en lo sobrenatural. Además, aprenderemos algunas razones por las cuales hay muchos creyentes que no se mueven en lo sobrenatural. Cuando hablamos de lo sobrenatural, nos estamos refiriendo a todo lo que es profético.

¿Qué es lo profético?

Es expresar la mente y el corazón de Dios en una dimensión sobrenatural. Lo profético no es simplemente pararse en la iglesia y decir: "así dice el Señor", y traer una palabra profética a una persona. Eso es una parte, pero no lo es todo. Moverse en lo profético tiene que ver con expresar y demostrar lo que hay en la mente y en el corazón de Dios. Además, abarca el exponer a los sentidos todo lo sobrenatural de Dios y traerlo a una dimensión física y tangible.

El apóstol Pablo fue a los corintios en el mover profético, demostrando todo lo sobrenatural de la mente y del corazón de Dios.

"⁴...y ni mi palabra ni mi predicación fueron con palabras persuasivas de humana sabiduría, sino con demostración del Espíritu y de poder, ⁵para que vuestra fe no esté fundada en la sabiduría de los hombres, sino en el poder de Dios". 1 Corintios 2.4, 5

En estos versículos, el apóstol vuelve a explicar la razón por la cual la palabra y la predicación no fueron palabras persuasivas de humana sabiduría, sino con demostración del Espíritu Santo y de poder.

"⁵...para que vuestra fe no esté fundada en la sabiduría de los hombres, sino en el poder de Dios". 1 Corintios 2.5

¿Qué es lo que incluye lo profético o lo sobrenatural?

- Profetizar
- Sanidades
- Echar fuera demonios
- Oír la voz de Dios
- Oír, sentir y ver todo lo de Dios
- Moverse en los dones del Espíritu Santo
- Predicar el evangelio
- Prodigios
- Señales
- Maravillas

Desafortunadamente, muy pocos ministros y creyentes se mueven en lo sobrenatural. Por esta razón, vemos una iglesia fundada en la sabiduría humana. Se habla a las personas de sanidades, pero nadie se sana; se habla de profecía y mandan a callar a esos hombres y mujeres de Dios que se levantan a profetizar en la iglesia. No han querido adoptar el mover de lo sobrenatural en sus iglesias, y esto impide que se revele lo profético, lo sobrenatural de Dios. Necesitamos las manifestaciones del poder del Espíritu Santo para persuadir las mentes y las emociones del pueblo, para que éstas sean fundadas en el poder de Dios. Hemos cambiado lo sobrenatural por el razonamiento, por el intelecto y por el programa del hombre.

¿Por qué los creyentes no se mueven en lo sobrenatural?

Estudiemos algunos obstáculos que le impiden a los creyentes moverse en lo sobrenatural.

1. La falta de conocimiento

"¹No quiero, hermanos, que ignoréis acerca de los dones espirituales". 1 Corintios 12.1

La palabra **ignorancia** significa falta de un conocimiento funcional. Esto no implica ausencia total de conocimiento, sino más bien, que el que se posee, no se puede aplicar a la vida diaria. Muchos desean y anhelan entrar en una dimensión sobrenatural, pero no tienen ningún conocimiento bíblico de cómo hacerlo. La falta de conocimiento destruye al pueblo de Dios.

2. La incredulidad

"18¿Y a quiénes juró que no entrarían en su reposo, sino a aquellos que desobedecieron? 19Y vemos que no pudieron entrar a causa de incredulidad". Hebreos 3.18, 19

La palabra de Dios enseña que estas señales seguirán a los que creen. ¿Cuáles señales? Sanar a los enfermos, echar fuera demonios, profetizar, hablar nuevas lenguas y hacer milagros. Ahora, es importante enfatizar cuando dice: "estas señales siguen a los que creen"; es decir, a los que son incrédulos, estas señales no les seguirán. Si usted piensa que las sanidades no son para hoy ni las cree, entonces, nada va a ocurrir.

En el mundo, hay mucha hambre por conocer lo sobrenatural. Por esta razón, hay personas que van detrás de los brujos, hechiceros, santeros y adivinos, buscando que se les diga algo sobre su vida personal. ¿Por qué razón las personas inconversas buscan conocer lo sobrenatural en el ocultismo y no en la iglesia? ...porque la iglesia no cree, y por consiguiente, no puede demostrar lo sobrenatural de Dios.

¿Qué debemos hacer?

Creer que Dios desea y quiere expresar lo sobrenatural por medio de su iglesia. Él desea demostrar las profecías, las sanidades, los milagros y que se echen fuera los demonios. Dios quiere demostrarlo, pero sólo puede hacerlo por medio de usted y de mí.

3. Temor a cometer errores

"⁶Por lo cual te aconsejo que avives el fuego del don de Dios que está en ti por la imposición de mis manos. ⁷Porque no nos ha dado Dios espíritu de cobardía, sino de poder, de amor y de dominio propio".
2 Timoteo 1.6, 7

Para moverse en lo sobrenatural, siempre se demanda un cierto nivel de fe. Hay muchas personas que tienen miedo de cometer un error o de equivocarse. Viven preocupadas por su imagen y por lo que las personas piensen de ellas. Por esta razón, no se atreven a moverse en lo sobrenatural. Una de las ataduras que el enemigo ha traído al creyente, es hacerle creer que tiene que hacer todo bien y que no puede cometer errores. Eso mismo es lo que nos impide profetizar, orar por los enfermos y echar fuera demonios. Creemos que tenemos que hacerlo todo perfecto. Pues quiero decirle que la única manera de moverse en lo sobrenatural, es cometiendo errores. En algún momento, nos vamos a equivocar, y tenemos que aprender a movernos por fe. Cada vez que Dios le diga algo y le dé temor de hacerlo, reprenda todo espíritu de temor y empiece a moverse por fe.

4. El creerse indigno

Cada uno de nosotros cree que Dios puede usar a otros, menos a nosotros mismos. Nos creemos indignos, que no valemos nada, que somos pecadores y que el Señor no nos puede usar. Recuerde que la razón por la cual Dios nos usa, no es por nuestra habilidad ni por los títulos o por los diplomas que tengamos; no es por el trasfondo familiar, por la inteligencia o por nuestro carisma, sino porque a Él le place. Ninguna de estas cosas son válidas delante de Dios, sino que es por su gracia y su favor sobre nosotros que Él nos ha hecho dignos.

Dios quiere usarlo a usted. ¡Atrévase a creerlo! En estos últimos tiempos, Él está levantando un ejército de hombres y mujeres que anden en el poder del Espíritu Santo y que se muevan en lo sobrenatural. Este ejército tiene que creer, y no debe tener miedo a equivocarse. Debe sentirse digno porque Cristo nos ha hecho dignos, y debe atreverse a caminar en lo sobrenatural.

5. La influencia del Espíritu de Grecia. Para más información, refiérase al Capítulo IV.

¿Cómo andar en lo sobrenatural?

Anteriormente, estudiamos algunos obstáculos por los cuales muchos creyentes no pueden caminar en lo sobrenatural; y para completar este tema, les presento ahora cinco claves esenciales que nos permitirán movernos en lo sobrenatural aquí en la tierra. Estas cinco claves las he aprendido a través de los años, y son las que me han enseñado a conocer la forma en que Dios se mueve sobrenaturalmente a través de su pueblo.

1. **Aprender a ceder el paso al fluir del Espíritu Santo.**

"¹⁷Porque el Señor es el Espíritu; y donde está el Espíritu del Señor, allí hay libertad". *2 Corintios 3.17*

Algunas veces, cuando leemos este verso, solamente pensamos o entendemos que se refiere a tener libertad de alabar, danzar, gritar y hacer en un servicio todo lo que sentimos hacer. Yo creo que eso sí es parte de tener libertad en el Espíritu Santo, pero el significado verdadero del verso anterior es: que donde el Espíritu Santo es Señor y tiene la libertad de moverse como Él quiere, allí hay libertad.

¿Qué es lo que se quiere decir con eso? El Espíritu Santo tiene que ser el Señor de nuestra vida personal, y también, el Señor de todo aquello que está bajo nuestra responsabilidad. La palabra **señor** en el idioma griego es *"kurios"*, que significa uno que tiene el derecho legal sobre alguien; uno que hace lo que quiera, como quiera, cuando quiera, con quien quiera y donde quiera; además, es uno que tiene control absoluto sobre alguien. En otras palabras, si anhelamos movernos en milagros, sanidades, profecías, liberación y prodigios, debemos aprender los siguientes aspectos:

- Ceder toda nuestra voluntad y nuestro cuerpo al Espíritu Santo.

Antes de orar por alguien, antes de predicar, enseñar o evangelizar, debemos ceder nuestra voluntad al Señor y orar para que Él haga su voluntad por medio de nosotros; por ejemplo, cuándo quiere que hablemos, cómo quiere que enseñemos, a quién quiere que le ministremos o por quién quiere que oremos y dónde quiere que lo hagamos. Debemos seguir exactamente sus instrucciones. El éxito de un servicio, una reunión, una cruzada o de una conferencia está en ceder a la guía o dirección del Espíritu Santo.

- Pedir instrucciones al Espíritu Santo antes de ir.

Una de las cosas que siempre le pido al Señor en oración antes de ir a una cruzada de milagros, servicio o conferencia, es que me dé instrucciones exactas para esa reunión. Ore al Señor para que se cumpla exactamente Su propósito y Su plan en ese momento y para ese pueblo. Recuerde que debemos tener una sola cosa en mente, y es agradar a Dios y no a los hombres. Dios estará agradado cuando hagamos lo que Él desea.

- Niegue su voluntad y quítese del camino.

Ceda el paso al Espíritu Santo. Algunas veces, dudamos de las instrucciones dadas por el Espíritu Santo y queremos hacer nuestra voluntad, pero ése es el momento de crucificar nuestros deseos para hacer lo que Dios quiere. En ocasiones, por las presiones de los demás, cambiamos los planes de Dios por nuestros propios planes, y si hacemos eso, estaremos agradando a los hombres y no a Dios.

"10Pues, ¿busco ahora el favor de los hombres, o el de Dios? ¿O trato de agradar a los hombres? Pues si todavía agradara a los hombres, no sería siervo de Cristo". Gálatas 1.10

Testimonio de México

Recuerdo una vez que fui a predicar a México. Había una conferencia muy grande, donde habían muchos conferencistas de renombre.

Ellos estuvieron predicando por dos días consecutivos, y al tercer día, me tocaba el turno a mí. Por un momento, me sentí tentado a competir, y en mi mente, vinieron ciertos pensamientos como éstos: "yo tengo que traer un mensaje con una gran revelación, mayor que la de ellos, un mensaje de mayor impacto". Cuando ese pensamiento vino, yo lo reprendí y lo eché fuera. De repente, el Señor me trajo gran convicción de pecado, en la que me dejaba saber que estaba compitiendo y que no le había preguntado lo que Él quería hacer. Así que me fui para el Hotel, le pedí perdón a Dios y, además, le pedí instrucciones de lo que Él deseaba que hiciera en el servicio. Él me habló diciendo: "predica lo que tú sabes y has vivido; háblales de liberación y sanidad interior".

Cuando terminé de predicar, Dios derramó su poder de una manera maravillosa. Las personas recibieron liberación de falta de perdón, amargura y rechazo, y en general, muchas personas fueron sanadas. ¡Fue un servicio grandioso, pues Dios lo hizo todo! Me sentí satisfecho porque pude ceder mi voluntad al fluir del Espíritu Santo, y Dios cumplió su plan. Creo que esta es la clave más importante para poder moverse en lo sobrenatural. Es necesario dejar que el Espíritu Santo sea el

Señor de nuestras vidas y que Él nos guíe en todo.

2. El caminar en compasión por el pueblo.

"14Y saliendo Jesús, vio una gran multitud, y tuvo compasión de ellos, y sanó a los que de ellos estaban enfermos". Mateo 14.14

La palabra **compasión** en el griego es *"splanchnizomai"*, que significa ser movido en compasión. Este vocablo se usaba para describir la compasión de Jesús hacia las personas. Hay otro vocablo que es *"oiktiro"*, que significa compadecerse, tener compasión, un sentimiento de angustia debido al mal o desgracia de otro.

El tener compasión por las personas es un sentir indispensable para poder andar en lo sobrenatural. Como acabamos de mencionar anteriormente compasión significa ser conmovido en lo más profundo de nuestro ser, a tal grado que sentimos el dolor y la angustia de las personas. Dios nos dio su poder y su unción, no para bendecirnos a nosotros mismos, sino para bendecir al pueblo; pero esa unción no puede manifestarse sin antes sentir compasión por el dolor de otro.

La compasión es la clave para dejar que el corazón de Dios se manifieste por medio de nosotros y, de esta manera, poder manifestar su poder. Tener poder sin compasión de nada sirve.

Una recomendación muy importante que usted puede seguir:

➤ Siempre ore para que Dios le dé compasión por las personas. Antes de ministrar a una persona o ministrar en cualquier lugar, debemos orar en nuestro hogar para que Dios nos llene de su compasión hacia su pueblo, y que cuando ministremos al quebrantado, al enfermo, al oprimido, al incrédulo y al perdido, el Señor nos haga sentir su mismo dolor.

3. Moverse en fe.

"⁶Pero sin fe es imposible agradar a Dios, porque es necesario que el que se acerca a Dios crea que él existe y que recompensa a los que lo buscan". Hebreos 11.6

La mayoría de las veces que nos movamos en lo sobrenatural, vamos a necesitar un cierto nivel de fe para actuar en lo que Dios nos pida que hagamos. Dios trata con cada uno de nosotros, según el nivel de fe en que estemos. Algunas veces, seremos retados por Dios a saltar a otros niveles, y cuando esto ocurra, tenemos que estar dispuestos.

Testimonio de una cruzada en Miami

La última cruzada de milagros que tuvimos en el Hotel Radisson en Miami, Dios me pidió que hiciera algo que no era muy común hacer en los servicios. El Señor me dio instrucciones que desde que comenzara el servicio, empezara a orar por los enfermos, pero que primero orara por los milagros creativos; por ejemplo: personas que les hiciera falta un órgano, una mano, un hueso, etcétera.

Siempre que voy a predicar en un servicio, Dios me da instrucciones. Algunas veces, me deja saber la enfermedad por la cual debo orar primero, cuándo y cómo debo hacerlo. Esta vez, el Señor me pidió que hiciera algo que nunca había hecho, y era orar por los milagros creativos desde el principio. Pero como les había mencionado, la clave número uno para caminar en lo sobrenatural, es ser guiado por el Espíritu Santo. Así que, le hice caso y me lancé en fe, y aunque requería un mayor nivel de fe de mi parte, obedecí. Cuando decidí creerle a Dios, Él me ayudó, y finalmente, los resultados fueron maravillosos.

Un niño que había perdido su ojo completamente, Dios le hizo el milagro de poder ver otra vez. Los médicos ya le habían dicho que tenían que removerle el ojo porque de lo contrario le iba a dañar el otro, pero Dios lo sanó. Otros milagros que Dios hizo fueron sanar a una mujer en silla de ruedas, quien pudo levantarse de ella, y a una hermana, le puso un hueso nuevo, el cual había perdido por causa de una enfermedad llamada osteoporosis. Así mismo, le puedo contar un sinnúmero de casos de personas que fueron sanas de: asma, artritis, diabetes, presión alta, entre otras enfermedades.

Todo comenzó en mi cuarto donde Dios me dio instrucciones. Así que, le cedí el paso al Espíritu Santo, tuve compasión de las personas y decidí moverme en fe. A pesar de que no era común lo que el Señor me pedía, pues requería un nivel de fe mayor, decidí obedecerle, y Dios se encargó del resto. Su nombre fue glorificado, y yo solamente fui un vaso disponible y obediente para Él. ¡A Él sea toda la gloria!

4. **Tener una vida de oración y ayuno continua y dinámica.**

"¹También les refirió Jesús una parábola sobre la necesidad de orar siempre, y no desmayar...". Lucas 18.1

Tener una vida de oración constante y ayunar a menudo, es un requisito indispensable para moverse en lo sobrenatural. Jesús les habló a los discípulos acerca de la necesidad de orar siempre.

La oración nos enseña a depender de Dios y a tener comunión íntima con Él, y esto nos lleva a identificar su voz para obedecerle. La oración no solamente debe ser constante, sino también dinámica; es un diálogo con Dios, y podemos orar de diferentes formas. Recordemos que la oración no es un monólogo, es un diálogo.

Estar horas con Dios hace los minutos más efectivos con el hombre.

Lo que quiero decir es, que si estamos durante largos períodos de tiempo en la presencia de Dios, cuando oremos por un enfermo, a Dios le tomará un minuto sanarlo, porque estamos llenos del poder que recibimos de Él en oración. Jesús oraba cinco horas al Padre, y cuando regresaba de estar en Su presencia lleno de Su poder, le tomaba sólo 30 segundos sanar a un leproso o a cualquier otro enfermo.

Hoy día, estamos varias horas aconsejando y liberando a una persona, y sin embargo, sólo oramos o adoramos a Dios 20 minutos. Por eso, cuando queremos liberar a una persona, no podemos, porque no tenemos el poder necesario para ser efectivos en la liberación. La oración y el ayuno son un requisito imprescindible para fluir en lo sobrenatural. Procure vivir una vida de oración y ayuno constante, y esté listo para ser un vaso disponible para Dios.

5. El denuedo o el atrevimiento

"30...mientras extiendes tu mano para que se hagan sanidades y señales y prodigios mediante el nombre de tu santo Hijo Jesús". Hechos 4.30

Recordemos que la palabra **denuedo** significa osadía, audacia, valentía, coraje, bravura, atrevimiento e intrepidez.

De lo anterior, se deduce que las características más sobresalientes de una persona que desea moverse en lo sobrenatural, son: osadía, valentía, audacia, intrepidez y que no le importa lo que la gente piensa, porque todo lo que desea es agradar a Dios. Lo opuesto de ser valiente o atrevido es ser temeroso o miedoso. Si usted quiere hacer cosas de Dios que otros no han hecho, tiene que ser atrevido para hacer lo que Dios le pide que haga.

¿Cuáles son algunos temores que enfrentamos para movernos en lo sobrenatural y cómo vencerlos?

• Temor a equivocarnos.

La única manera de aprender cualquier cosa en nuestra vida, es cometiendo errores. No importa cuánta experiencia logremos adquirir, siempre cometeremos errores, pero debemos estar dispuestos a seguir adelante.

- Temor a perder nuestra reputación.

Muchas veces, sentimos temor de perder nuestra reputación y nuestra imagen al cometer un error, porque pensamos que los demás nos van a criticar, a rechazar y no querrán confiar en nosotros.

La solución a este temor es aprender a crucificar y a morir a nuestra imagen para que la imagen de Jesús sea exaltada en nosotros.

"⁵Haya, pues, en vosotros este sentir que hubo también en Cristo Jesús, ⁶el cual, siendo en forma de Dios, no estimó el ser igual a Dios como cosa a que aferrarse, ⁷sino que se despojó a sí mismo, tomando forma de siervo, hecho semejante a los hombres...".
Filipenses 2.5-7

El Señor perdió su reputación por nosotros, entonces, ¿por qué nos preocupa tanto perder nuestra imagen? No nos debe importar lo que la gente diga o piense. Mayor debe ser el deseo de ver a Cristo exaltado en nosotros, que vernos con buena reputación.

- Temor a lo desconocido.

Al ser humano, normalmente, le gusta caminar en tierra firme, y cada vez que enfrenta algo desconocido, le da temor. La vida cristiana es un camino en el que continuamente estamos enfrentando desafíos, retos y cosas nuevas, o sea, desconocidas para nosotros; por lo tanto, debemos aprender a caminar por fe y no por vista.

¿Cuál es la solución? Pidamos a Dios denuedo.

El denuedo es una virtud que viene al creyente como resultado de su relación íntima con Dios.

Cuando no llevamos una vida de oración con Dios, le damos lugar al temor, y por eso, somos derrotados. Por otro lado, el denuedo o la osadía viene a un creyente cuando su vida está continuamente llena del poder del Espíritu Santo.

Dios nos dio un espíritu de poder, amor y dominio propio.

"7Porque no nos ha dado Dios espíritu de cobardía, sino de poder, de amor y de dominio propio". 2 Timoteo 1.7

Cada vez que nos movamos con amor, con denuedo, y tengamos dominio propio y control, el poder de Dios será mayor en nuestra vida.

Resumiendo estos cinco puntos importantes, podemos decir que Dios desea que nosotros los creyentes nos movamos y manifestemos su poder sobrenatural en el mundo físico; pero para eso, es necesario que aprendamos a ceder nuestra voluntad al Espíritu Santo, que aprendamos a ser guiados por Él y que le pidamos que nos enseñe a caminar en compasión con las personas para sentir su dolor y su necesidad. Además, debemos aprender a caminar por fe y no por vista, y también a desarrollar una vida devocional de oración constante y dinámica. Si logramos hacer todas estas cosas, recibiremos denuedo, atrevimiento y osadía.

Dios está levantando una generación del vino nuevo que le crea a Dios y que se atreva a manifestar las obras sobrenaturales del Señor aquí en la tierra.

¿Cómo activar a un creyente en lo profético o en lo sobrenatural?

¿Qué es una activación? Como mencionamos anteriormente, es retar a los creyentes con una verdad para que reciban la gracia divina y para que hagan lo que dice la Palabra.

Es el mismo principio que se usa para recibir los dones: un creyente puede activar a otro creyente. Por ejemplo, un evangelista guía al pecador en una oración de arrepentimiento, lo lleva a confesar sus pecados, y en ese momento, se activa el don de la vida eterna. El don de la vida eterna es un don de Dios y es activado en una persona por otra persona que le ayuda.

"8...Porque por gracia sois salvos por medio de la fe; y esto no de vosotros, pues es don de Dios..." *Efesios 2.8*

Si usted cree que al dirigir a una persona en la oración de salvación, activará a la persona en lo sobrenatural o en cualquier otro don, usted puede esperar cualquier cosa.

¿En realidad esto funciona?

Cuando recibimos al Señor, alguien nos guía en la oración de salvación. Por fe, sabemos que esa confesión activó el don de la vida eterna. De igual forma, se activa lo sobrenatural, como los dones, los milagros, las profecías, entre otros. Cuando viene la revelación, que es por medio de la fe, se recibe el don y la persona es activada. ¿Qué se puede hacer si alguien viene y le manifiesta que quiere recibir el don de lenguas?

Lo primero que usted debe hacer es imponer sus manos sobre la persona y ayudarle a recibir el don. La revelación viene a la persona y su entendimiento es iluminado. Esa persona cree, se apropia del don de lenguas por medio de la fe, y lo recibe. Cada uno de nosotros puede activar a las personas sobrenaturalmente con los dones del Espíritu Santo, con los milagros, las profecías, las sanidades, los prodigios y otros.

¿Cuáles son los cuatro ingredientes para activar a un creyente en lo sobrenatural o en lo profético?

1. **Oír la palabra de Dios.** La fe para activar a un creyente en lo sobrenatural no puede venir si primero no oye la Palabra. Cualquier área de lo sobrenatural en la cual usted desee caminar, no puede ser efectiva si primero no oye la Palabra en esa área específica.

   "17Así que la fe es por el oír, y el oír, por la palabra de Dios". Romanos 10.17

2. **Confesar con su boca.**

   "8Mas ¿qué dice? Cerca de ti está la palabra, en tu boca y en tu corazón. Ésta es la palabra de fe que predicamos: 9que si confesares con tu boca

que Jesús es el Señor, y creyeres en tu corazón que Dios le levantó de los muertos, serás salvo. ¹⁰Porque con el corazón se cree para justicia, pero con la boca se confiesa para salvación". Romanos 10.8-10

La confesión es el puente entre el mundo espiritual y el mundo físico. Mediante la confesión, se activa el mundo espiritual. Por eso, es importante confesar a Jesús públicamente, ya que esto desata el poder de Dios para llevar a cabo lo que dice su Palabra. Si queremos movernos en lo sobrenatural, debemos comenzar a confesar lo que Dios dice acerca de la profecía, los milagros y las sanidades.

3. **Creer con el corazón.** El creer implica actuar por fe en lo que hemos oído, creído y confesado. Por eso, para que una persona sea salva, debe aplicar estos ingredientes. Creer con el corazón significa hacer un compromiso con algo, abrazarlo y hacerlo parte de nosotros.

4. **Hacer una acción correspondiente.** Veamos cómo la mujer de flujo de sangre hizo una acción correspondiente para recibir su sanidad.

"27...cuando oyó hablar de Jesús, vino por detrás entre la multitud, y tocó su manto...".
Marcos 5.27

Esta mujer vino desde atrás y tocó el manto de Jesús con la convicción de que si lo hacía, recibiría lo que deseaba. Ella creyó, actuó y recibió.

Los principios anteriormente mencionados son los que activan a una persona para recibir el don de la vida eterna. Éstos son los mismos principios que se usan para activar a un creyente en cualquier don del Espíritu Santo o en lo sobrenatural.

El andar en lo sobrenatural puede ser recibido y activado por medio de hombres y mujeres mortales, y esto se da al oír la Palabra, al confesarla con nuestra boca, al creerla en el corazón y al hacer una acción correspondiente.

Amigo lector: Si usted desea recibir el regalo de la vida eterna, y ser parte del mover de Dios aquí en la tierra, pero no ha reconocido a Jesús como el hijo de Dios, quien murió y padeció por sus pecados en la cruz del Calvario, lo puede hacer ahora mismo. Por favor, acompáñeme en esta oración, y repita en voz alta.

Oración para recibir el regalo de la vida eterna

"Padre Celestial: Yo reconozco que soy un pecador, y que mi pecado me separa de ti. Me arrepiento de todos mis pecados. Voluntariamente, confieso a Jesús como mi Señor y Salvador, y creo que Él murió por mis pecados. Creo, con todo mi corazón, que Dios el Padre lo resucitó de los muertos. Jesús, te pido que entres a mi corazón y cambies mi vida. Renuncio a todo pacto con el enemigo; si yo muero, al abrir mis ojos, sé que estaré en tus brazos. ¡Amén!"

Si esta oración expresa el deseo sincero de su corazón, observe lo que Jesús dice acerca de la decisión que acaba de tomar:

"9...que si confesares con tu boca que Jesús es el Señor, y creyeres en tu corazón que Dios le levantó de los muertos, serás salvo. 10Porque con el corazón se cree para justicia, pero con la boca se confiesa para salvación".
Romanos 10.9, 10

"47De cierto, de cierto os digo: El que cree en mí, tiene vida eterna". Juan 6.47

Conclusión

En síntesis, podemos decir que si queremos una reforma profunda y formar parte de la generación sobre la cual el Dios del cielo derramará su vino nuevo, debemos pasar por una renovación total, que nos permita derribar todo argumento que se levanta contra el mover sobrenatural de Dios.

Somos la generación del cambio, y Dios nos está llamando para hacer la diferencia en un mundo de oscuridad. Este llamado es primero para los líderes de la Iglesia y después, para cada miembro del cuerpo de Cristo. No podemos permanecer inmutables ante esta transformación profunda que el cuerpo de Cristo está experimentando.

Necesitamos ser flexibles a los cambios, especialmente cuando estos tienen el propósito de mejorar. Lo más irresponsable que podemos hacer es continuar haciendo las cosas exactamente como lo hemos venido haciendo durante los últimos años, sabiendo que Dios quiere derramar su gloria y su poder sobre odres nuevos, para impactar e influenciar la sociedad.

Bibliografía

Biblia de Estudio Arco Iris. Versión Reina-Valera, Revisión 1960, Texto bíblico copyright© 1960, Sociedades Bíblicas en América Latina, Nashville, Tennessee, ISBN: 1-55819-555-6.

Biblia Plenitud. 1960 Reina-Valera Revisión, ISBN: 089922279X, Editorial Caribe, Miami, Florida.

Caballeros, Harlod Dr. *El Poder Transformador del Evangelio de Jesucristo.* Publicaciones El Shaddai; Guatemala CA, Impreso en Guatemala por: Centro Impreso PS, S.A, ISBN: 99922-782-0-X.

Chaves, Rony (Apóstol). *Fundamentos del Ministerio Apostólico.*

Diccionario Español a Inglés, Inglés a Español. Editorial Larousse S.A., Printed in Dinamarca, Núm. 81, México, ISBN: 2-03-420200-7, ISBN: 70-607-371-X, 1993.

Eckhardt, John. *La Iglesia Apostólica.* Crusaders Ministries, Chicago, Illinois. Impreso en Lima, Perú ETC Editores, ISBN: 1-883927-09-9.

Eckhardt, John. *Moviéndonos en lo Apostólico.* ISBN: 0-8307-2373-0.

Eckhardt, John. 50 *Truths Concerning Apostolic Ministry.* Crusaders Ministries, Chicago Illinois, Impreso en EUA, ISBN: 1883927-04-8.

El Pequeño Larousse Ilustrado. 2002 Spes Editorial, S.L. Barcelona; Ediciones Larousse, S.A. de C.V. México, D.F., ISBN: 970-22-0020-2.

Expanded Edition the Amplified Bible. Zondervan Bible Publishers. ISBN: 0-31095168-2, 1987 – Lockman Foundation USA.

Hamon, Bill Dr. *Apostles, Prophets and the Coming Moves of God.* Impreso en EUA por World Distributors, Destiny Image, ISBN: 0-939868-09-1.

Hamon, Jane. *The Cyrus Decree.* Primera impresión en el 2001, EUA. ISBN: 0939868-20-2.

Reina-Valera 1995 - Edición de Estudio, (Estados Unidos de América: Sociedades Bíblicas Unidas) 1998.

Rivera Leos, Benjamín. Primera Edición 1999, impreso en EUA, Casa Creación, Strang Communication. ISBN: 0884196100

The New American Standard Version. Zordervan Publishing Company, ISBN: 0310903335.

The Tormont Webster's Illustrated Encyclopedic Dictionary. ©1990 Tormont Publications.

Strong James, LL.D, S.T.D., *Concordancia Strong Exhaustiva de la Biblia*, Editorial Caribe, Inc., Thomas Nelson, Inc., Publishers, Nashville, TN - Miami, FL, EE.UU., 2002. ISBN: 0-89922-382-6.

Vine, W.E. *Diccionario Expositivo de las Palabras del Antiguo Testamento y Nuevo Testamento.* Editorial Caribe, Inc./División Thomas Nelson, Inc., Nashville, TN, ISBN: 0-89922-495-4, 1999.

Ward, Lock A. *Nuevo Diccionario de la Biblia.* Editorial Unilit: Miami, Florida, ISBN: 0-7899-0217-6, 1999.

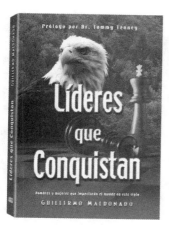

**LÍDERES QUE
CONQUISTAN**
Guillermo Maldonado
ISBN-10: 1-59272-022-6
ISBN-13: 978-1-59272-022-4

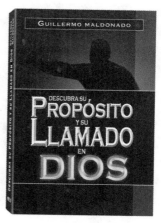

**DESCUBRA SU PROPÓSITO Y SU
LLAMADO EN DIOS**
Guillermo Maldonado
ISBN-10: 1-59272-037-4
ISBN-13: 978-1-59272-037-8

**EVANGELISMO
SOBRENATURAL**
Guillermo Maldonado
ISBN-10: 1-59272-013-7
ISBN-13: 978-1-59272-013-2

LA FAMILIA FELIZ
Guillermo Maldonado
ISBN-10: 1-59272-024-2
ISBN-13: 978-1-59272-024-8

**FUNDAMENTOS BÍBLICOS
PARA EL NUEVO CREYENTE**
Guillermo Maldonado
ISBN-10: 1-59272-005-6
ISBN-13: 978-1-59272-005-7

EL PERDÓN
Guillermo Maldonado
ISBN-10: 1-59272-033-1
ISBN-13: 978-1-59272-033-0

LA ORACIÓN
Guillermo Maldonado
ISBN-10: 1-59272-011-0
ISBN-13: 978-1-59272-011-8

**LA GENERACIÓN
DEL VINO NUEVO**
Guillermo Maldonado
ISBN-10: 1-59272-016-1
ISBN-13: 978-1-59272-016-3

NUESTRA VISIÓN

 ERJ Publicaciones

*...expandiendo la palabra de Dios
a todos los confines de la tierra*

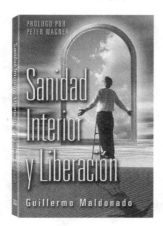

**SANIDAD INTERIOR
Y LIBERACIÓN**
Guillermo Maldonado
ISBN-10: 1-59272-002-1
ISBN-13: 978-1-59272-002-6

LA DEPRESIÓN
Guillermo Maldonado
ISBN-10: 1-59272-018-8
ISBN-13: 978-1-59272-018-7

LA MADUREZ ESPIRITUAL
Guillermo Maldonado
ISBN-10: 1-59272-012-9
ISBN-13: 978-1-59272-012-5

LA UNCIÓN SANTA
Guillermo Maldonado
ISBN-10: 1-59272-003-X
ISBN-13: 978-1-59272-003-3

CÓMO OÍR LA VOZ
DE DIOS
Guillermo Maldonado
ISBN-10: 1-59272-015-3
ISBN-13: 978-1-59272-015-6

LA DOCTRINA DE CRISTO
Guillermo Maldonado
ISBN-10: 1-59272-019-6
ISBN-13: 978-1-59272-019-4

LA TOALLA
DEL SERVICIO
Guillermo Maldonado
ISBN-10: 1-59272-100-1
ISBN-13: 978-1-59272-100-9

CÓMO VOLVER
AL PRIMER AMOR
Guillermo Maldonado
ISBN-10: 1-59272-121-4
ISBN-13: 978-1-59272-121-4

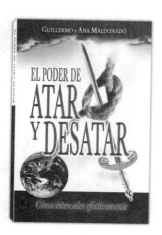
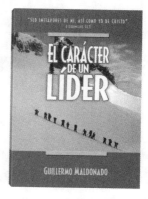
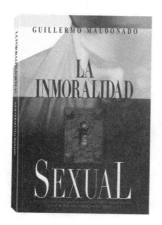
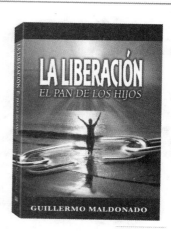

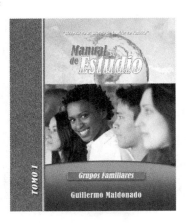

**MANUAL DE ESTUDIO
PARA GRUPOS FAMILIARES**

Guillermo Maldonado

ISBN-10: 1-59272-148-6
ISBN-13: 978-1-59272-148-1

MANUAL DE VIDA
PARA INTERCESORES

Ana Maldonado

ISBN-10-: 1-59272-226-1
ISBN-13: 978-1-59272-226-6

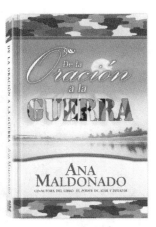

**DE LA ORACIÓN
A LA GUERRA**

Ana Maldonado

ISBN-10: 1-59272-137-0
ISBN13-: 978-1-59272-137-5

**DÉBORAS AL FRENTE
DE LA BATALLA**

Ana Maldonado

ISBN-10: 1-59272-248-2
ISBN-13: 978-1-59272-248-8